EDF
Un scandale français

LAURENCE DE CHARETTE
MARIE-CHRISTINE TABET

EDF
Un scandale français

ROBERT LAFFONT

ISBN 2-221-10219-3

Avertissement

Ce livre a été écrit alors que s'ouvrait une information judiciaire sur les irrégularités dans la gestion des fonds du comité d'entreprise d'EDF et que la polémique sur l'ouverture du capital et le changement de statut prenait une ampleur considérable.

Il n'est en aucun cas un élément du débat et ne plaide ni pour une cause ni pour une autre.

Il est le fruit de nombreux entretiens avec des témoins et acteurs de l'affaire dont certains ont été ou sont entendus dans le cadre de l'enquête en cours [1].

À leur regret et malgré de nombreuses sollicitations, les auteurs n'ont été reçus par aucun des dirigeants CGT de la CCAS, ni par François Roussely, le président d'EDF à l'heure où ces lignes sont écrites.

1. Voir en annexe la liste des entretiens.

Introduction

Qui a sponsorisé la Fête de *L'Humanité*, manifestation phare du PCF, sans le savoir ? Le congrès de la fédération CGT de l'Énergie ? Les repas des intermittents du spectacle en grève ? Les clients d'EDF. Depuis 1964, l'argent du comité d'entreprise d'EDF – 1 % des recettes de distribution de gaz et d'électricité en France, c'est-à-dire 1 % des factures réglées par chaque consommateur – entretient les bonnes œuvres de la fédération CGT de l'Énergie.

La paix sociale n'a pas de prix. Des millions d'euros officiellement destinés aux loisirs des électriciens et des gaziers transitent chaque année par le comité d'entreprise pour atterrir finalement dans les caisses du syndicat et d'entreprises proches du PCF. Les affaires politico-financières des années 1990 ont obligé les partis politiques à faire le ménage dans leurs rangs. Les ténors du PS et du RPR ont dû mettre genou à terre et répondre devant les juges de la gestion de leurs mouvements. Confrontés à une chute lente des effectifs militants et des cotisations, les syndicats ont dû trouver des moyens de subsistance pour leurs appareils et leurs permanents : emplois dans les caisses de retraite ou les mutuelles, bienveillance de certaines entreprises, formations... Les petits arrangements sont multiples et souvent en marge de la légalité. La grande loi de financement des syndicats se fait attendre. La crise qui secoue le comité d'entreprise d'EDF-GDF va contraindre la CGT, et par ricochet l'ensemble des organisations syndicales, à une opération mains propres.

Pour la première fois, ce système de survie des syndicats va être décortiqué par la justice. Une enquête est ouverte depuis février 2004. Le juge parisien Jean-Marie d'Huy et la brigade financière conduisent les investigations.

Des comités d'entreprise ont déjà fait l'objet de malversations, mais l'affaire d'EDF est d'une ampleur sans précédent. Les sommes en jeu sont colossales. Le comité d'entreprise régente une cagnotte de 400 millions d'euros. La fédération CGT de l'Énergie qui administre l'organisme depuis quarante ans est l'une des plus puissantes branches de la Confédération générale du travail, première organisation ouvrière française. Ses liens avec le parti communiste sont historiques. La base militante de la CGT dans les usines est essentiellement composée d'électeurs ou de sympathisants communistes. L'affaire du CE d'EDF ébranle une institution créée à la Libération, un modèle social à la française.

Ce que l'on appelle communément le CE d'EDF est en fait la Caisse centrale des activités sociales (CCAS) de l'ensemble des industries électrique et gazière. Il s'agit d'une caisse pour toute la branche : EDF, GDF mais aussi 150 entreprises employant

150 000 salariés – dont 112 000 d'EDF [1]. La CCAS est un organisme unique en son genre qui gère les activités de loisirs des agents, organise des séjours, des festivals, assure la restauration collective des entreprises, propose des assurances et des prestations médicales. Les « institutions », ces hébergements de vacances, ont fait la réputation du CE qui possède 250 centres dans toute la France, notamment dans des régions prisées comme la Corse, la Bretagne, les Alpes-Maritimes ou en montagne, dans les meilleures stations de sport d'hiver et organisent quelque 200 séjours par an. La CCAS fait également appel à des voyagistes spécialisés dans la clientèle des collectivités. Son patrimoine immobilier était officiellement estimé au début des années 1990 entre 1,5 et 2 milliards de francs. Depuis, les comptes n'ont pas été actualisés, mais l'envolée des prix de l'immobilier au début des années 2000 ne permet pas d'envisager que le CE se soit appauvri.

Sur le terrain, la CCAS a des relais dans toute la France avec les Caisses mutuelles complémentaires et d'actions sociales (CMCAS) [2]. Ces caisses s'occupent du régime maladie des agents et des activités de loisirs de proximité : centres aérés, bibliothèques, centres sportifs... Le Comité de coordination des CMCAS reçoit la part du 1 % qui lui revient et la répartit entre les différents organismes. Pour compléter le tableau, citons encore les Commissions mixtes paritaires (CMP). Les

---

1. Cet ouvrage s'est concentré sur les relations entre EDF et son CE. Avec 75 % des effectifs concernés, l'Électricien donne le *la*. De plus, EDF et GDF ont 60 000 salariés en commun. Les rapports entre la CCAS et GDF, deuxième employeur du secteur, ne sont pas étudiés ici plus avant. Le management des deux grandes entreprises présente de nombreuses similitudes.

2. Voir l'annexe 1.

représentants du personnel s'y réunissent pour parler des problèmes d'organisation du travail et de gestion du personnel.

Depuis 1964, la CGT – et plus précisément la fédération Mines-Énergie – dirige l'ensemble de ces structures : CCAS, Comité de coordination des CMCAS et CMP. Elle gouverne ainsi quasiment sans partage et sans réel contrôle le plus gros comité d'entreprise de France.

La fédération de l'Énergie est assise sur un tas d'or, l'équivalent du revenu annuel des habitants d'une ville comme Chartres. Le comité d'entreprise bénéficie d'un régime très avantageux. Le rédacteur de la loi de nationalisation des industries électrique et gazière, le communiste Marcel Paul, a imposé au gouvernement provisoire de la France, au sortir de la guerre, un financement proportionnel au chiffre d'affaires – fait absolument unique, quand les financements de tous les autres CE sont calculés à partir de la masse salariale. Depuis, personne n'a osé toucher à cette généreuse disposition et la manne a grossi à une vitesse faramineuse. Quelques centaines de millions de francs à la Libération sont devenus un milliard de francs au début des années 1980 et 400 millions d'euros (2,6 milliards de francs) au début des années 2000.

De quoi faire pâlir d'envie nombre de représentants du personnel ! À l'exception des entreprises publiques et d'une poignée de grandes firmes comme Bouygues, Dassault ou Danone, la grande majorité des comités d'entreprise sont réduits à la portion congrue. Le montant des subsides réservés aux activités sociales et culturelles n'est pas soumis à un seuil minimal. La loi oblige les entreprises à donner à leur CE un montant équivalent à celui qu'elles consacraient aux œuvres sociales des salariés avant la création du comité d'entreprise. La meilleure des trois années précédant l'ouverture sert de référence. Une garantie bien mince puisqu'elle correspond à zéro lorsque les employeurs ne versaient pas un seul centime à leur salarié ou que la société vient de se créer !

Du coup, en moyenne, les CE doivent tourner avec de petits moyens, moins de 2 % de la masse salariale, auxquels on ajoute, depuis 1982 et la loi Auroux, 0,2 % de la masse salariale pour le financement des frais de fonctionnement. Ils ne peuvent guère proposer à leurs ouailles que quelques places de cinéma et une ou deux expositions-ventes, chaque année. Et encore, la plupart se considèrent malgré tout bien lotis. Seuls les établissements de plus de 50 personnes ont l'obligation d'avoir un comité d'entreprise, en conséquence il n'y a guère que 4 à 5 millions des salariés du privé (moins de 50 % des effectifs du secteur) qui sont concernés par ces petits avantages.

La générosité d'EDF à l'égard de son CE est sans commune mesure avec la norme. À titre de comparaison, les 173 000 cheminots de la SNCF doivent se contenter de 1,721 % de leur masse salariale, soit 80 millions d'euros, tandis que les 150 000 salariés des industries électriques et gazières se partagent 400 millions d'euros.

En outre, l'Électricien n'hésite pas à faire plus encore que l'obligation légale. L'entreprise met par exemple gracieusement à la disposition du CE la quasi-totalité des locaux de 106 caisses mutuelles, et fournit l'électricité quasi gratuite à ces organismes sociaux. Enfin, le comité d'entreprise ne paye que 40 % des charges sociales des salariés qui sont mis à sa disposition par EDF. Au-delà de ce plafond, EDF règle la note.

L'organisation unique du CE d'EDF est rendue possible parce que les fédérations syndicales ont une grande liberté dans la gestion des œuvres sociales. Elles n'ont légalement aucun compte à rendre aux entreprises. En 1946, le législateur voulait que les salariés et leurs représentants disposent d'une réelle indépendance quant à la gestion des œuvres sociales. Le contrôle est assuré par les services du ministère de l'Économie et des Finances.

La belle mécanique imaginée à la Libération s'est cependant grippée. Avec quelque 40 % de frais de fonctionnement, l'appareil se nourrit lui-même. Et les agents d'EDF, longtemps considérés comme des nantis, voient le bénéfice de leur mirifique statut se réduire progressivement. Leur régime maladie notamment, qui suscitait bien des convoitises, est aujourd'hui au bord de la faillite et les agents sont moins bien remboursés que la plupart des salariés des grandes entreprises françaises.

Les services des ministères ont montré autant de zèle à assumer leur rôle de contrôleur que si le CE d'EDF avait été un lointain comptoir français en Patagonie. Les hommes politiques se sont bien gardés d'intervenir. Ils ont vite compris l'intérêt de ce bastion cégétiste, susceptible de servir de monnaie d'échange en cas de conflits lourds. Sans ce pacte tacite, la plupart des dérives supposées du système auraient rapidement pu être corrigées si le politique avait joué son rôle. Mais de peur de déplaire à la CGT et au parti communiste, les hommes politiques de droite comme de gauche ont préféré laisser filer. EDF pouvait se permettre de fermer les yeux sur les abus et les erreurs de gestion. La rente nucléaire a permis pendant des années de couvrir bien des dérapages – le nucléaire que la CGT avait eu le bon goût d'accepter et même d'encourager !

En fait, les gouvèrnements successifs ont eux aussi largement bénéficié du magot d'EDF. L'affaire du comité d'entreprise d'EDF devient aujourd'hui le « scandale » : les pratiques très particulières de la CCAS se sont développées et ont perduré dans l'indifférence générale, alors que nul ne les ignorait.

1

La caisse noire du PCF et de la CGT

Ce dimanche 24 novembre 2002, plusieurs centaines d'intermittents du spectacle épuisés par une journée de manifestation avalent de bon cœur leurs sandwiches sur les marches de la grande halle de la Villette, dans les derniers rayons de soleil de l'automne. Les artistes en grève pour la défense de leur statut lancent un mouvement qui va durer de longs mois. Le conflit est soutenu par de nombreuses personnalités du cinéma et de la télévision et par les partis de gauche ; les intermittents savent déjà leur cause populaire. Ils ignorent en revanche que, ce dimanche-là, c'est le comité d'entreprise d'EDF qui régale. La Caisse centrale des activités sociales (CCAS) – pour utiliser sa dénomination officielle – a réglé l'addition pour eux : une facture de 5 002,27 euros pour 650 repas lui a été adressée directement par le traiteur Loubersac. Une autre de 825 euros, envoyée par Restos du monde en règlement de 50 plateaux-repas, a suivi.

Lorsqu'il découvre ces deux courriers dans son parapheur, Jean-Claude Laroche, fraîchement nommé à la tête du CE d'EDF, tombe des nues : ce polytechnicien aux principes bien arrêtés ne comprend pas pourquoi le

CE devrait nourrir des intermittents, aussi sympathique soit leur action. Il refuse tout net de payer et retourne les factures. Quelques jours plus tard, le directeur doit faire face à la fronde des administrateurs CGT du CE, Pascal Lazarre en tête. En charge des questions culturelles pour l'organisme, ce dernier est un poids lourd de la maison. Sa femme, Jacqueline Lazarre, est une des figures de la confédération. C'est à elle que Bernard Thibault avait confié les délicates négociations sur les 35 heures. Pascal Lazarre adresse à Jean-Claude Laroche un courrier vengeur le 10 décembre 2002, lui enjoignant de régler l'addition de ses fameux sandwiches : « Comme nous l'avions déjà fait en 1995 à l'occasion du concert des 1000, le président de la CCAS et moi-même avons été sollicités pour donner un coup de main à l'organisation de la grande manifestation festive, revendicative et plurielle des intermittents du spectacle... Si j'ai bien compris, l'actuel directeur menacerait de porter cette affaire devant les tribunaux ! Conscient de mes responsabilités, je revendique, persiste et signe... », écrit sans ambages Pascal Lazarre qui en appelle même à Gramsci, fondateur du Parti communiste italien, pour « allier le pessimisme de l'intelligence à l'optimisme de la volonté ». Il s'interroge sur les réticences du directeur général à soutenir « une petite partie de l'organisation de la riposte aux attaques portées contre l'exception culturelle ». Aussi grandes soient l'ambition et la hauteur des sentiments, la décision de subventionner « la riposte » a été manifestement prise en catimini par le président du comité d'entreprise d'EDF et l'administrateur chargé de la culture. Le projet n'a jamais été présenté en conseil d'administration et encore moins voté...

Cet épisode illustre les incroyables pratiques du comité d'entreprise d'EDF : opacité du système de décision, confiscation du pouvoir par quelques hommes appartenant à la mouvance communiste de la CGT, confusion entre le militantisme politique et la gestion des œuvres sociales. L'histoire des sandwiches des intermittents n'est qu'un exemple de ces dérives qui ont poussé, en juin 2003, quatre salariés à déposer plainte simultanément auprès des tribunaux de Bobigny, Gap et Guingamp.

L'une de ces plaintes, rédigée par un cadre dirigeant d'EDF à la retraite, Victor Frémaux, atterrit sur le bureau du procureur de la République de Paris, Yves Bot. Le 19 février 2004, le magistrat confie cet épineux dossier au juge financier, Jean-Marie d'Huy, pour enquêter sur d'éventuels abus de confiance, escroqueries, faux et usage de faux. La machine judiciaire est lancée grâce notamment au rapport transmis par la brigade de répression de la délinquance astucieuse (*sic*) qui a mené l'enquête préliminaire entre septembre 2003 et janvier 2004. D'après sa conclusion, qui a conduit à l'ouverture de l'information judiciaire, il y aurait « un système de financement occulte de la CGT et du PCF, soit directement, soit par le biais d'entreprises amies ».

Deux mois plus tard, le 27 avril 2004, quarante policiers de la brigade financière investissent le siège du CE le plus riche de France, situé rue de Rosny à Montreuil, fief communiste. Ils s'attardent particulièrement au sixième étage d'un des immeubles du vaste ensemble de verre ultramoderne, celui de la direction générale. Ils ne viennent pas les mains vides : chaque policier dispose d'une liste d'une dizaine de noms d'entreprises parmi lesquelles : Idélia, Rivet, Trigano, Immosud, Marsh, Comédiance. Leur mission : saisir tous les documents se rapportant à ces sociétés « amies » soupçonnées d'avoir participé à des détournements de fonds.

Le petit bureau du président de la commission des appels d'offres, à quelques pas de celui de la directrice, Évelyne Valentin, est inspecté pendant plus de deux heures trente. La visite a laissé des souvenirs cuisants à l'administrateur Force ouvrière réquisitionné pour l'occasion : « Ils étaient deux, ils ont tout retourné, épluché les dossiers feuille par feuille, mais ils ne sont finalement repartis qu'avec trois documents. » Le responsable des appels d'offres, Alain Morel, vice-président FO de la caisse, n'était pas là non plus pour accueillir les enquêteurs. Mais, à la descente de l'avion qui l'emmenait en province, il a vite compris, en écoutant sa messagerie saturée, qu'il devait faire demi-tour vers Paris. Bernard Auvray, le contrôleur d'EDF, lui aussi en déplacement pour la journée, a également rebroussé chemin quand il a réalisé que son bureau allait être passé au peigne fin.

Sous les fenêtres du comité d'entreprise, une dizaine de journalistes font le pied de grue depuis 8 heures du matin. Les fuites sur cette opération hors du commun circulaient depuis trois jours dans les rédactions des différents journaux. Le juge orchestre simultanément une vaste perquisition de plus de huit heures dans six immeubles appartenant au comité d'entreprise. Pendant ce temps, à moins d'un kilomètre, porte de Montreuil, les dirigeants de la fédération de l'Énergie CGT, au sixième étage de la Confédération générale du travail, se tassent dans une salle de télévision pour suivre les informations en direct. Frédéric Imbrecht, le secrétaire général, un œil rivé sur l'écran, prépare un communiqué de presse pour réagir à ce « coup politique ». La fédération de l'Énergie, la véritable patronne du comité d'entreprise, est sonnée par la charge judiciaire. Elle minimise l'affaire en la présentant comme une simple manœuvre pilotée par le gouvernement pour affaiblir la centrale de Bernard Thibault. Dans les couloirs de l'immense forteresse CGT, la nouvelle se répand à grande vitesse. À l'accueil, derrière le comptoir, l'hôtesse, outrée, interpelle les arrivants : « T'as vu, ils s'en prennent à la CCAS ! » Ce matin-là, à la CGT, beaucoup considèrent qu'en investissant le CE d'EDF la justice s'attaque au patrimoine de la maison.

Lorsqu'ils pénètrent dans les locaux de la CCAS, les enquêteurs espèrent ouvrir les portes secrètes du « coffre-fort » de la CGT. Ils disposent déjà d'indices qui donnent à penser que la Caisse centrale d'action sociale ne choisit presque jamais ses fournisseurs parmi les sociétés les moins chères ou les plus performantes du marché. En revanche, les prestataires de services, souvent installés à Montreuil, semblent tous avoir un point commun : une proximité avec la CGT et/ou le parti communiste. Parmi eux, la société Idélia les intrigue particulièrement. Ce loueur de voitures attitré depuis plusieurs années des centres de vacances du comité d'entreprise ne possède aucun parc automobile. Idélia, dirigée par l'ancien directeur de cabinet du maire de Montreuil, exerce par ailleurs un tout autre métier : la société est l'un des organisateurs de la Fête de l'Humanité. Les enquêteurs chargés de l'affaire de la CCAS font vite le rapprochement avec le « scandale du Gifco », le groupement d'investissement pour le commerce, longtemps considéré comme la pompe à finances du PCF. Et pour cause. Une partie des actionnaires de l'ancien Gifco font leur apparition dans le nouvel Idélia... Le Gifco et ses filiales de conseil ont été soupçonnés par huit juges successifs de servir un système de financement politique occulte. Georges Marchais et Robert Hue ont été mis en examen. Quelques cadres commerciaux, des responsables dans les entreprises ont été condamnés mais les membres du PCF ont tous été relaxés.

Malgré ses lourds soupçons, la justice n'a pas réussi à démontrer de liens financiers entre le PCF et la société d'étude. « Le parti communiste a une tradition du secret héritée de la période de la guerre, confie l'avocat Olivier Schnerb, conseil d'un des prévenus de l'affaire Sicopar, une des entreprises de la nébuleuse Gifco. C'est sans doute le système de financement le plus sophistiqué de tous les partis politiques français. Des vraies factures et de l'argent qui passent d'une caisse vers une autre grâce à des militants sûrs. »

Avec l'affaire du comité d'entreprise d'EDF, les enquêteurs pensent cette fois tenir de bonnes pistes. Les « camarades » vont devoir expliquer pourquoi ils ont payé le congrès de la fédération Énergie de la CGT avec l'argent du CE. Les salariés sur place ont évalué le budget dépensé pour l'organisation du congrès à près de 68 000 euros, sans compter la location de matériel et le personnel. La CGT a bien fini par produire un chèque censé prouver qu'elle ne s'est pas réunie aux frais du comité d'entreprise d'EDF. Mais ce chèque n'est apparu que quatre ans après l'organisation de la manifestation, alors que l'affaire mise au jour dans la presse provoquait des remous en interne.

La loi du silence qui règne depuis des années au sein des œuvres sociales d'EDF est prête à voler en éclats. Car, pour la première fois de son histoire, le fonctionnement du comité d'entreprise est dénoncé publiquement par un homme de l'appareil, l'ancien directeur Jean-Claude Laroche.

Cet ancien cégétiste fut pendant plusieurs mois au cœur d'un système qu'il prétend ne pas avoir voulu cautionner. Son témoignage ainsi que celui de sa fidèle collaboratrice Josette Collombat, elle aussi militante CGT, constituent des pièces maîtresses dans le travail des enquêteurs pour approcher un système devenu vraisemblablement indispensable à la survie du PCF. Au cours des deux dernières décennies, le parti de Marie-George Buffet a perdu 80 % de ses adhérents et les cotisations qui vont avec. Il a essuyé de grands revers aux dernières élections. Les subventions de l'État liées aux résultats électoraux sont en chute libre. Lors des élections présidentielles de 2002, Robert Hue n'a même pas réuni les 5 % ouvrant droit au remboursement des frais de campagne par l'État. Du coup, le parti n'a récupéré que 740 000 euros sur les 5 millions investis. Les temps sont durs. Or si seulement 1 % du budget du comité d'entreprise d'EDF a bien été détourné chaque année au profit du PCF, comme l'a affirmé un ancien dirigeant de la CGT à la brigade financière, le parti aurait pu couvrir annuellement 10 % de son budget.

2

L'homme par qui le scandale arrive

« Vous connaissez la différence entre un train qui déraille et un polytechnicien ? Le train finit toujours par s'arrêter ! » La boutade fait florès dans les couloirs de la CGT. Depuis que Jean-Claude Laroche a dénoncé publiquement en novembre 2003 des malversations financières au comité d'entreprise, il est devenu l'homme à abattre. Ses accusations ont ébranlé une institution vieille de soixante ans, une des fiertés de la classe ouvrière, le dernier bastion de la CGT et de ses apparatchiks communistes.

En décembre 2000, lorsque Denis Cohen, le puissant patron de la fédération des Mines et de l'Énergie, lui propose le poste de directeur général du comité d'entreprise d'EDF, cet homme de trente-neuf ans incarne l'avenir du syndicat. Il est déjà membre des instances dirigeantes de la CGT au côté de Bernard Thibault et appartient à l'équipe de tête des cadres de la fédération de l'Énergie, l'UFICT, Union fédérale des ingénieurs cadres et techniciens. Ce jeune ingénieur fait partie des penseurs de l'organisation. Il a largement contribué au débat sur la première loi d'ouverture du marché de l'électricité votée en mars 2000. Plusieurs des amendements préparés par la CGT pour des députés amis ont été rédigés de sa plume. Il a participé activement à la réflexion du syndicat sur les retraites et au refus de signature d'un accord par la CGT.

Jean-Claude Laroche n'appartient pourtant ni au PC ni au PS, contrairement à la plupart des poissons pilotes de l'organisation ouvrière. Dans sa jeunesse, il a frayé dans le courant de Jean-Pierre Chevènement. Front haut, brun, toujours en costume, un physique et des lunettes de premier de la classe, cet homme lisse et sérieux a même commencé sa carrière au service du grand capital : sorti en 1985 de Polytechnique, il entre à l'Aérospatiale, puis passe un an chez Procter et Gamble, le leader mondial de la lessive. Enfin, il quitte le marketing pour le conseil et l'audit. Il compte parmi ses clients des grandes entreprises dont l'un de ses anciens employeurs, l'Aérospatiale. Mais ses années de consultant l'ont beaucoup déçu. Finalement, en 1993, il décide de quitter l'univers du conseil et des multinationales pour rentrer chez l'Électricien.

C'est l'époque des charrettes de cadres, des cabinets de conseil qui dégraissent. Un jour, dans un bureau voisin du sien, un de ses collègues fait une crise cardiaque pendant un entretien avec son supérieur hiérarchique. Le quinquagénaire à bout de souffle ne résiste pas à la pression. Il est sauvé *in extremis* par les pompiers. Pourtant, les associés du cabinet auront attendu la dernière minute pour appeler les secours. Jean-Claude Laroche est écœuré. Le souvenir de l'accident marque pour toujours le jeune polytechnicien. Il décide de changer de voie et de se syndiquer. Mais, à l'époque, la CGT n'est pas dans sa ligne d'horizon. Trop « rouge » à son goût.

Chez EDF, il participe rapidement à des forums de discussion sur le site Internet de la maison. Il met en ligne des textes qu'il rédige sur l'entreprise, sa stratégie... « J'avais l'impression de lire nos idées dans un langage de consultant », confie encore sous le charme Michel Donnedu, membre de l'UFICT et administrateur de la CGT. Laroche est rapidement repéré et recruté par le syndicat omniprésent dans l'entreprise. Les cégétistes d'EDF ne ressemblent pas à l'image qu'il en avait. Ce sont des cadres comme lui, des ingénieurs comme lui, véritablement engagés dans leur entreprise.

Quelques jours avant Noël 2000, Laroche est invité à dîner par les deux hommes les plus influents de la CGT à EDF. Jean Lavielle, un électricien communiste de Bayonne, est le président du conseil d'administration du comité d'entreprise ; c'est lui qui tient les cordons de la bourse du CE. Il est accompagné de Christian Nepveu, le directeur général du CE. Denis Cohen est le deuxième hôte de marque de la soirée. Ce politique, proche de Robert Hue, tient la fédération Énergie d'une main de fer depuis quinze ans. Les deux chasseurs de têtes testent leur candidat : ils veulent lui proposer de prendre la direction du CE d'EDF. Jean-Claude Laroche reste sur la réserve. Il vient de changer de poste dans l'entreprise, nouvellement élu dans les instances des cadres de la CGT... « Je dois en parler à la centrale avant de prendre ma décision », conclut-il à la fin du dîner d'affaires.

Le mardi 9 janvier, Jean-Claude Laroche annonce au cours d'un bureau exécutif de l'UFICT qu'il est pressenti pour diriger le CE d'EDF. La nouvelle ne réjouit personne autour de la table. Les cadres CGT n'ont pas envie de voir partir un militant prometteur. Jean-Claude Laroche est un homme qui monte dans l'appareil syndical. En 1999, il a été élu au congrès de Strasbourg – alors que le jeune Bernard Thibault prenait la tête de la confédération – à la commission exécutive confédérale, de quelque 80 membres autour du secrétaire général. Les dirigeants de l'UFICT étaient ravis de voir l'un des leurs progresser dans la hiérarchie de la Confédération. Son travail à la CCAS pourrait l'accaparer. Et puis les rumeurs de mauvaise gestion empoisonnent depuis des années la réputation de l'organisme. En outre, Jean-Claude Laroche est connu pour son caractère entier. Un homme obstiné, sûr de ses convictions et de ses compétences. Des qualités peu compatibles avec l'atmosphère confinée de la CCAS où les enjeux de pouvoir sont importants et où le non-dit prévaut souvent sur la règle écrite. À l'UFICT, on redoute immédiatement l'« erreur de casting ».

Mais le calendrier s'emballe. L'après-midi même, en regagnant son bureau, Laroche trouve sur son ordinateur un e-mail en copie adressé par le président de l'entreprise à sa hiérarchie : « François Roussely informe André Merlin que Denis Cohen a nommé Jean-Claude Laroche à la direction de la CCAS. » Cette note a le mérite d'être claire et de montrer qui est le chef : Denis Cohen le patron de la fédération CGT de l'Énergie. Normalement, c'est le conseil d'administration de la CCAS qui aurait dû se prononcer sur le choix d'un candidat.

La messe est dite. Laroche rejoint Montreuil et la Caisse centrale des activités sociales en septembre 2001 d'abord comme adjoint du directeur général. Jean Lavielle n'est pas peu fier de son recrutement : le parcours de Jean-Claude Laroche est en soi un message politique dans une maison où la moindre décision s'inscrit dans « un champ de revendications ».

Pendant ce temps, la CCAS recrute un autre cadre de haut niveau, sa future directrice générale adjointe,

Josette Collombat, une femme intelligente. Elle a dirigé pendant plusieurs années le comité de direction des caisses mutuelles du CE. Elle a la réputation d'être professionnelle et autoritaire. Et, ce qui ne gâche rien, Josette Collombat est la fille d'une figure de la CGT, Benoît Collombat, un homme de légende de l'histoire ouvrière : héros de la Résistance, dirigeant de la CGT et membre du parti communiste. Le futur tandem de direction ne se connaît pas encore, mais le courant passe rapidement entre eux. « De toute façon, je ne vois pas à qui je pourrais proposer ce poste », confie alors Jean-Claude Laroche à Josette Collombat, peu convaincu par les compétences du personnel de la CCAS. L'équipe établit un projet de direction reposant sur quatre points : répondre aux attentes des agents, promouvoir les points forts de la CCAS, mener une démarche qualité et améliorer la gestion du 1 %. Le duo n'a pas de registre du personnel digne de ce nom et la CCAS ne sait pas exactement combien de nuitées sont réalisées chaque année dans ses centres de vacances.

Les nominations tardent cependant à être officialisées. Le projet de direction envisagé par la nouvelle équipe est accueilli fraîchement par le conseil d'administration. Les administrateurs CGT sont suspicieux à l'égard du dynamisme de leurs recrues. Ils ont peur de voir leur pouvoir absolu leur échapper. Signe révélateur de ces réticences : Denis Cohen hésite à installer officiellement Josette Collombat dans son fauteuil de numéro 2. Il confie à Laroche avoir un « problème de confiance avec cette personne ». Le patron de la Fédération ne veut pas d'un contre-pouvoir au sein même de l'organisme. Le lundi 21 janvier 2002, Josette Collombat [1] se souvient d'être allée à la Fédération pour le

1. Extraits d'une série d'entretiens datant des 9, 18 et 25 mars 2004.

rencontrer. Denis Cohen la reçoit avec son adjoint le plus proche, Frédéric Imbrecht, qui prendra sa succession à l'automne 2003.

— Lorsque tu étais au comité de coordination des CMCAS, reproche Cohen, tu as acheté pour 200 millions de francs de matériel informatique et je n'ai même pas eu le moindre ordinateur sur mon bureau...

— Mon idée, répond Josette Colombat du tac au tac, est de sécuriser la situation financière de la CCAS. La Fédération a tout à y gagner.

La réponse satisfait-elle Denis Cohen ? Josette Collombat est confirmée. Les débuts du couple Laroche-Collombat à la tête du CE n'en sont pas pour autant simplifiés. En mars 2002, un article de presse paru dans le mensuel économique *Capital* provoque un véritable séisme en interne. Le journaliste Étienne Gingembre rapporte que le comité d'entreprise d'EDF a payé une bonne partie du congrès de la Fédération de la CGT à Grenoble en 1999. Parallèlement, des pamphlets d'anciens de la CGT désabusés circulent sur Internet, et un président de la CCAS à la retraite, Daniel Arrachart, est convoqué par la brigade financière dans le cadre d'une enquête préliminaire sur des opérations immobilières douteuses.

Jean-Claude Laroche est en poste depuis quelques jours lorsqu'il reçoit – selon le récit qu'il en a fait aux enquêteurs – la première sollicitation directe de la fédération Énergie pour un petit coup de main. Il s'agit ni plus ni moins que d'aider financièrement le syndicat à payer son déménagement. La Fédération doit quitter ses locaux historiques de Pantin pour rejoindre le sixième étage de l'avenue de Paris à Montreuil, dans l'immeuble de la Confédération. Une dépense bien éloignée des missions du CE et de l'épanouissement des électriciens et gaziers... La rencontre aurait eu lieu à 7 heures du matin dans un des bureaux de la CCAS. Les présidents et directeurs des différents organismes sociaux sont réunis autour de la table en compagnie de Jean Lavielle et d'un représentant de la « fédé ». Aucun des administrateurs non CGT du CE n'est informé, ni convié. Jean-Claude Laroche ne sait pas vraiment comment il doit interpréter cette demande. Est-ce un test ? Il refuse.

Les rumeurs continuent à circuler. Un directeur confie un jour à Josette Collombat [1] que la facture de 900 000 francs de la sonorisation de la Fête de *L'Huma* a été payée par l'Iforep (l'institut de formation de la CCAS) puis remboursée à cette dernière par la CCAS.

Jean-Claude Laroche souhaite principalement établir une véritable frontière entre les prérogatives du conseil d'administration et celle de la direction générale. Il demande plus de marge de manœuvre et d'indépendance dans la gestion courante des dossiers. Ses initiatives sont perçues comme autant de tentatives de « confisquer le pouvoir politique des administrateurs ». Elles sont jugées contraires à la gestion d'une entreprise sociale. Le 4 novembre 2002, Denis Cohen envoie un courrier à Jean-Claude Laroche pour lui signifier que son projet de réorganisation de la CCAS est refusé.

Un déjeuner est organisé à la Fédération pour mettre un peu d'huile dans une mécanique qui coince. Le repas est cordial mais les relations de confiance sont rompues. Les projets de réforme successifs de Jean-Claude Laroche sont rejetés les uns après les autres. Plus tard, le directeur général finit par craquer en plein conseil d'administration. Il quitte la réunion excédé en lançant à la cantonade : « Vous me prenez pour un guignol ! »

---

1. Entretiens des 9, 18 et 25 mars 2004.

Jean Lavielle, le président du conseil d'administration, est outré. Derrière cet affrontement de pouvoir, c'est un véritable choc des cultures. Jean Lavielle, cégétiste encarté au parti communiste dès son entrée à EDF, ne comprend pas le comportement de ce col blanc, polytechnicien qui plus est. Il le convoque dans son bureau : « Tu as commis un geste irréparable. Tu as manifesté du mépris à l'égard des administrateurs qui ont consacré leur vie aux œuvres sociales. Tu insultes les ouvriers. » Le mot est lâché. Jean-Claude Laroche est un ennemi de classe. Un social-traître.

La situation est de plus en plus tendue entre les protagonistes. À tel point que Jean-Claude Laroche décide de demander l'avis d'un cabinet juridique car il a constaté de nombreuses irrégularités de gestion et veut savoir s'il peut être personnellement mis en cause en cas de problème. Laroche n'a pas confiance, il redoute que ses détracteurs montent un « dossier » contre lui. L'audit du cabinet Delcros est accablant. Le manque de professionnalisme des dirigeants y est vertement dénoncé. La CCAS a un objet social, elle doit s'y conformer, conclut en substance le cabinet d'avocats.

Pour se protéger, Jean-Claude Laroche envoie une lettre avec accusé de réception au patron de la fédération Énergie. Il demande à Denis Cohen de lui définir son poste avec précision. Au cours de l'hiver 2002, la rupture est consommée entre la Fédération et Laroche. Le vendredi 13 décembre, Jean-Claude Laroche et Josette Collombat se rendent de nouveau à la Fédération pour un entretien avec Jean Lavielle et un adjoint de Denis Cohen. La réunion dure plus de quatre heures dans une ambiance tendue. Lavielle veut le départ de Laroche. Ce dernier refuse. Le 18 décembre, Laroche obtient un rendez-vous avec Bernard Thibault. La rencontre est brève. « J'entends ce que tu me dis mais je ne peux intervenir dans les affaires de la Fédération », lui explique Thibault.

Finalement, Jean-Claude Laroche et Josette Collombat sont débarqués en avril 2003 [1]. Le 4 avril, Jean Lavielle annonce au directeur général qu'il le suspend de ses fonctions. Le 10 avril, il lui retire toutes ses délégations de pouvoirs. Le conseil d'administration crée un directoire et propose à Josette Collombat de l'intégrer. L'ancienne directrice générale adjointe se retrouve reléguée au même niveau que cinq autres directeurs qu'elle avait précédemment sous ses ordres. Elle refuse. Les administrateurs de la CGC et de la CFDT tentent de faire barrage à ces limogeages. En vain.

Olivier Frachon est appelé à la rescousse pour reprendre les rênes du CE. Il occupe depuis des années un poste sensible à la tête d'une des instances de représentation du personnel où il gère sans vague une cagnotte de plusieurs millions d'euros, l'argent de commissions du personnel chargées des questions économiques. Olivier est le descendant de Benoît Frachon, qui fut avant Georges Séguy le patron de la CGT et l'un des dirigeants phares du parti communiste. À la fenêtre de son bureau de Montreuil, Olivier Frachon peut contempler la place qui porte le nom de son aïeul.

Le comité d'entreprise a trouvé l'homme de la situation, celui qui conforte l'image du passé pour faire face aux difficultés. À ses côtés, Olivier Frachon peut compter sur une présidente du conseil d'administration aux nerfs d'acier, Évelyne Valentin, élue communiste d'Auvergne. Jean Lavielle passe la main. Les hommes se succèdent mais le système doit perdurer. Au comité d'entreprise, le combat de Laroche a fait vaciller bien

1. Voir les annexes 2 et 3.

des certitudes. Les agents ne savent plus. Certains vivent dans cet univers clos depuis tant d'années. Leurs parents appartenaient déjà à ce monde. Ils ne font plus la différence entre le syndicat et le CE, les règles de l'entreprise et celles du militantisme, les comportements légaux et les autres.

Jean-Claude Laroche et Josette Collombat ne sont reclassés à EDF qu'après plusieurs mois. Laroche a finalement retrouvé un poste à la direction des recherches. La fonction est sans commune mesure avec celle qu'il occupait précédemment à EDF ou encore avec sa place de directeur du CE. Au placard. Il a rendu sa carte de la CGT. Son syndicat d'origine, l'UFICT, l'a pourtant soutenu. Un temps.

Dans une lettre adressée par porteur le 7 avril à Jean Lavielle, Michel Donnedu, un des responsables de l'UFICT, explique dans un premier temps l'indignation de son syndicat : « Ce qui est reproché à Laroche, c'est le processus d'assainissement de la gestion de la CCAS qu'il avait entrepris, celui-ci lui paraît en effet compromis par un certain nombre de dispositifs qui pourraient être considérés comme une dérive étrangère aux buts de l'organisme. Le fait de suspendre le directeur général pour avoir entrepris ce nécessaire processus d'assainissement te rend individuellement responsable du maintien de ces dispositifs ainsi que l'ensemble des administrateurs [...]. En tant qu'administrateur de la CGT, j'estime que l'action entreprise par Jean-Claude Laroche est conforme aux orientations confédérales visant à placer le syndicalisme dans une totale indépendance vis-à-vis du patronat, des pouvoirs publics et des partis politiques. » Michel Donnedu conclut par une formule de politesse de circonstance : « Je t'adresse, monsieur le président, mes meilleures salutations syndicalistes. »

Mais les envolées lyriques ont tourné court et Laroche est devenu *persona non grata* chez les siens. Il a clairement compris que sa candidature lors du renouvellement du bureau de l'UFICT n'était pas souhaitée. Pas un signe, pas un mot de la direction d'EDF.

Josette Collombat réalise depuis avril 2004 des missions pour la direction des ressources humaines d'EDF. Elle a attendu un an dans un bureau vide au CE qu'on lui trouve un poste. Ses voisins de la direction générale ont même déménagé pour éviter tout contact avec celle qui était devenue une « jaune ». Les années 2003 et 2004 resteront gravées dans sa mémoire comme celles du purgatoire.

Jean-Claude Laroche et Josette Collombat ont le sentiment d'avoir été sacrifiés par l'appareil pour avoir refusé de cautionner les agissements du CE. Ils ont été mis sur le banc de touche d'EDF, une entreprise qui, de la base au sommet, n'aime pas le scandale. Quitte à accepter bien des compromissions.

3

Comment la CGT a verrouillé le comité d'entreprise

« La dernière réserve indienne de la CGT » : c'est ainsi que les vieux routiers du syndicalisme décrivent le comité d'entreprise d'EDF. Cette tribu a toutefois plutôt hérité ses codes de l'Union soviétique que de l'Amérique... Le fonctionnement du comité d'entreprise d'EDF est en effet directement calqué sur les pratiques soviétiques. Au quatrième étage d'un bâtiment moderne situé à Montreuil, à quelques encablures de la mairie communiste, dans la salle du conseil bat le cœur du pouvoir. Auparavant, le CE était abrité dans le même immeuble que les services sociaux de la mairie...

Une fois par mois, vers 9 h 30, Évelyne Valentin, nouvelle présidente du conseil d'administration du CE, petite femme volontaire mais réservée, issue du parti communiste, quitte son bureau du sixième étage pour se rendre dans la grande pièce réservée aux réunions. Elle s'installe au centre du grand U solennel formé par des tables modernes, équipées de micros. À sa gauche siègent les dix administrateurs CGT, tandis que les huit représentants de toutes les autres organisations minoritaires se partagent l'aile droite. Tradition syndicale oblige, le tutoiement est de rigueur. Mais cette familiarité dans le langage n'est qu'une façade. Les administrateurs passent successivement en revue, de façon protocolaire, les informations de la présidente, l'ordre du jour et les questions diverses... Tous savent pourtant que le jeu est truqué.

D'abord parce que l'acteur principal n'est pas physiquement parmi eux. Celui qui tire en coulisse toutes les ficelles de l'organisme est le successeur de Denis Cohen depuis le douzième congrès de la fédération CGT de l'Énergie, le 13 octobre 2003, Frédéric Imbrecht. Tous les administrateurs CGT lui doivent leur siège, ce qui les place de fait sous son autorité. C'est à lui qu'ils rendent des comptes, et non aux agents EDF, pourtant bénéficiaires des œuvres sociales.

Les membres du conseil d'administration sont en effet nommés par leur fédération, et non pas, comme c'est en principe le cas, directement élus par les salariés. À EDF, les agents votent pour une centrale syndicale, pas pour des personnes. En fonction des scores qu'elles réalisent, les fédérations désignent ensuite les noms de leur choix. Contrairement aux pratiques généralement en vigueur, le syndicat est « propriétaire » du mandat – il peut révoquer la personne qu'il a nommée sans consulter les salariés. La CGT Énergie, qui détient la majorité des sièges du conseil d'administration, a ainsi une mainmise totale sur le CE. Tout en découle. C'est ainsi que la CGT a verrouillé l'ensemble du système.

Autre anomalie, le directeur de la CCAS et son équipe ne sont pas, on l'a vu, choisis par le président de l'organisme. Ils sont recrutés par le véritable homme-orchestre du comité d'entreprise, le secrétaire général de la fédération Énergie. Jean-Claude Laroche et Josette Collombat se souviennent tous les deux d'avoir passé leur véritable entretien d'embauche non pas à la CCAS, mais à quelques kilomètres de là, dans les bureaux de la Fédération.

Enfin, le patron de la fédération Énergie de la CGT peut également compter sur la dilution des responsabilités savamment entretenue à la CCAS pour garantir son ascendant sur le comité d'entreprise. Le directeur général et le président se partagent par exemple certains pouvoirs de signature, sans que les prérogatives de l'un et de l'autre soient clairement définies. Ce qui permet de se passer de l'accord de l'un des deux – ou simplement de ne pas l'informer – le cas échéant.

Cette organisation finement orchestrée est doublée de pratiques efficaces, qui permettent aux membres CGT de la CCAS de vivre quasiment en vase clos. Au comité d'entreprise, tout le monde connaît les « préparatoires » de la CGT – des réunions de préparation, en jargon syndical – avant toute séance officielle du conseil d'administration, toute rencontre des membres du bureau ou d'une commission, les troupes cégétistes travaillent préalablement entre elles. Une sorte de répétition générale qui permet de trancher d'éventuels désaccords internes et de n'offrir aucune faille aux adversaires. Compliment mi-chèvre mi-chou de l'administrateur CFE-CGC : « Il faut reconnaître aux cégétistes leur sérieux : ce sont des militants travailleurs et disciplinés. Enfin de toute façon, moi, comme je suis seul représentant de mon syndicat, je n'ai pas besoin de "préparatoire"... »

Est-ce pendant l'une de ces réunions confidentielles que se sont décidées les conditions du soutien accordé au chanteur Sergent Garcia ? En séance officielle du conseil d'administration, Jean Lavielle a lancé un bref :

« Qui est pour la guerre ? » Personne. L'ancien président du comité d'entreprise n'a pas eu beaucoup de mal, en février 2003, à faire approuver par son conseil d'administration le « parrainage » du nouveau disque contre la guerre de Sergent Garcia. Mais les administrateurs non cégétistes n'ont découvert qu'après coup que les 77 000 CD de *Stop da war* ont en réalité été vendus avec *L'Humanité hebdo* ! À travers cette aide aux pacifistes, la CCAS venait en réalité de donner un beau coup de pouce à l'hebdomadaire du parti communiste...

Les administrateurs minoritaires, CFDT, FO et CGC ont, il est vrai, un rôle très secondaire à la CCAS, pour ne pas dire de figuration. Le conseil d'administration n'est pour eux qu'une chambre d'enregistrement des grands principes et des budgets globaux. Les dossiers n'y sont pas approfondis et parfois même pas ouverts. « Quand on vote une ligne de 6 millions d'euros pour la communication, on ne sait pas ce qu'il y a dedans », avoue un membre. Les administrateurs vont par exemple approuver, sur le principe, la délégation de gestion d'un centre de vacances à un organisme extérieur, mais ils ne seront pas consultés, par la suite, en cas d'augmentation drastique des tarifs.

En marge du conseil d'administration, la CGT a dû concéder quelques postes de cadres aux autres centrales syndicales. Mais, là encore, leur latitude est limitée. Il s'agit souvent pour la CGT d'impliquer les « minoritaires » dans sa propre gestion – afin d'éviter leurs critiques – et de s'acquitter à bon compte de ses obligations de « pluralisme » – en offrant un titre sans les pouvoirs afférents.

Pour faire taire les mauvaises langues qui soupçonnent de longue date la caisse de favoritisme dans le choix de ses fournisseurs, la CCAS a mis en place une commission chargée de contrôler les appels d'offres. La présidence de cette commission a été confiée à FO. Les syndicats minoritaires membres de cette commission n'ont cependant pas leur mot à dire. Ils se plaignent de n'avoir pas accès aux informations stratégiques. En réalité, seul le président est présent au moment de l'ouverture des enveloppes. Il est l'unique arbitre de la conformité de la procédure. Son implication est en revanche totale, puisqu'il est chargé, après épluchage des offres par les services fonctionnels du comité d'entreprise, de choisir l'entreprise qui remporte le marché.

Le recrutement est une autre clef du système CGT. Comment un cuisinier de Montélimar peut-il devenir en quelques années un agent « au statut EDF » ? Pas besoin de passer par le recrutement d'EDF : de bonnes relations cégétistes peuvent suffire.

Pour garder la haute main, année après année, sur le plus riche comité d'entreprise de France, dans une société où le syndicalisme s'effrite, la CGT applique une recette très simple : elle recrute essentiellement parmi les siens. Les autres centrales peinent à se frayer une place, si petite soit-elle, au sein du CE. « En vingt ans, les adhérents à la CFE-CGC qui ont été embauchés à la CCAS se comptent sur les doigts d'une main, témoigne un administrateur membre de la centrale des cadres. Et, alors que nous affichons tout de même 8,5 % des voix à EDF, nous n'enregistrons même pas 1 % à la CCAS... » De la base au sommet, les troupes du comité d'entreprise sont essentiellement cégétistes. Pour réaliser cette prouesse, le comité d'entreprise embauche essentiellement ses nouvelles recrues dans l'entourage des agents déjà en poste. Y compris pour les emplois saisonniers. Les habitués de la maison savent qu'il s'agit d'un bon filon. Selon les règles internes au comité d'entreprise, les saisonniers sont prioritaires sur les candidats extérieurs s'ils postulent à un poste « sous contrat » – plus stable et mieux rémunéré. Ces salariés conventionnés passent eux-mêmes avant les autres postulants quand ils prétendent à une intégration définitive « au statut ». Le secret de la maison, ce sont ces passerelles qui permettent à la CGT d'embaucher n'importe où en France des saisonniers qui peuvent acquérir le statut d'agent EDF. Et c'est ainsi que le comité d'entreprise d'EDF ne compte que peu d'agents issus d'EDF... mais beaucoup de militants CGT.

Cette habitude de puiser ses effectifs avant tout parmi les siens est tellement bien ancrée que l'appartenance syndicale peut même être clairement affichée comme critère d'embauche – au mépris le plus total du droit du travail. C'est le cas dans cette circulaire de la CCAS datée du 11 septembre 2000 et émise en région Rhône-Alpes, qui demande sans complexe à ses troupes de recruter les saisonniers au sein des militants cégétistes [1]... Ces pratiques de recrutement ont transformé l'organigramme de la caisse centrale et des caisses mutuelles en véritable arbre généalogique du PCF. Les filles et fils de Robert Hue ou de Denis Cohen font partie de la maison, aux côtés des membres des grandes familles historiques communistes et cégétistes, comme Le Guen, Collombat, etc. Par ailleurs, les leaders CGT de la branche Énergie ont quasiment tous la double appartenance CGT-PC. Évelyne Valentin, Michel Clerc, Denis Cohen, Henri Brusq, Philippe Daguerre, François Duteil, Frédéric Imbrecht, Jean Lavielle, Mau-

1. Voir l'annexe 4.

rice Marion... Tous ces hauts cadres du comité d'entreprise ou de la Fédération ont signé la pétition « Fonder le parti communiste du XXIe siècle », rédigée par les proches de Robert Hue après l'échec du PCF à l'élection présidentielle.

La technique est la même pour les avancements. La réalité est crue : il n'est pas de promotion à la CCAS sans le soutien de la CGT. Fils et petit-fils d'agents EDF, Michel Rio, cégétiste au début de sa carrière à la CCAS, s'est brouillé au fil des ans avec son syndicat. Il reproche publiquement aux militants qui l'entourent un certain laxisme avec les deniers du comité d'entreprise. Sa carrière patine. En raison, estime-t-il, de ses démêlés avec l'organisation majoritaire. Pour protester, il ira jusqu'à faire une grève de la faim... Ses détracteurs fustigent son incompétence, lui considère qu'il a été boycotté par ses anciens camarades de la CGT. L'affaire n'est à ce jour pas encore tranchée aux prud'hommes, mais elle souligne au moins un douteux mélange des genres entre la gestion objective des carrières et le militantisme CGT. C'est sur du papier à en-tête CGT que la secrétaire de la commission chargée des avancements apprend à l'intéressé qu'il n'obtiendra pas le grade désiré. Qui a donc pris la décision de refuser le poste ? La commission, en fonction de critères professionnels, ou la CGT, d'après ses critères syndicaux ?

Dans l'organisme, le sort des « petites mains » est directement lié à la CGT. La situation des cadres du comité d'entreprise dépend tout autant du syndicat majoritaire. Il fait la pluie et le beau temps sur leur avancement et leur carrière. L'ensemble des nominations et des promotions sont décidées par lui.

« L'organigramme complexe du comité d'entreprise est à lui tout seul un modèle de politique soviétique, qui concentre le pouvoir dans les mains de la CGT grâce à un maillage étroit », estime Patrick Cuffet, vice-président CFE-CGC de la CCAS, titre ronflant mais vidé de substance. Dans cette organisation très hiérarchisée, toutes les instances de décision sont doublonnées, une technique qui vise à éviter l'émergence d'une forme de baronnie. Au niveau national, la direction générale est tenue à l'œil par le conseil d'administration qui joue en quelque sorte le rôle de « commissaire politique ». La même logique est déclinée à l'échelon local. L'action des directions « opérationnelles » régionales – la déclinaison de la direction générale sur le terrain – est surveillée par les « commissions d'action régionales ». La « déconcentration », selon l'expression maison, mise en œuvre dans les années 1990 a permis à la direction cégétiste de resserrer encore son emprise locale, en envoyant ses plus fidèles lieutenants « politiques » dans les régions.

En cas de crise, la CGT sait aussi comment resserrer son emprise. Au printemps 2004, alors que le comité d'entreprise est ébranlé par de très médiatiques perquisitions, la direction commence par une première « mise au point » : Olivier Frachon, directeur de la CCAS, rappelle par oral et par écrit à ses salariés leur « devoir de réserve ». Bien que les propos ne fassent que rappeler la loi sur le sujet, les phrases du directeur sur « l'obligation de discrétion » résonnent dans ce contexte comme une menace. Beaucoup comprennent qu'il vaut mieux éviter de se faire remarquer. Ainsi les salariés fuient consciencieusement les caméras des journalistes venus prendre le pouls de la CCAS. Pour circonscrire le deuxième danger – les enquêteurs financiers –, la CGT de la CCAS emploie les grands moyens : elle fait appel à un cabinet d'avocats afin d'épauler tous les salariés qui en éprouvent le besoin, au siège national comme dans les régions. Du jamais vu. La mission de ces juristes est d'« apporter protection et soutien sans exclusive ni réserve à tous ceux qui sont susceptibles d'être appelés à répondre de la façon dont ils ont exercé leurs mandats et leurs missions ».

Le comité d'entreprise ne manie pas que le bâton. Il y a bien aussi quelques carottes. Les salariés sous contrat – ceux qui ne sont pas directement issus des rangs de l'entreprise mère – jouissent d'une situation calquée sur celle des agents EDF. Bien qu'ils n'aient pas droit à proprement parler au « statut » EDF, le comité d'entreprise a voulu leur offrir le meilleur. La convention maison de la CCAS leur offre presque les mêmes avantages que les électriciens et gaziers. Ils bénéficient par exemple d'un équivalent du fameux « tarif agent » – l'électricité à prix réduit. La différence entre le prix public et ce tarif préférentiel est prise en charge par le comité d'entreprise !

Les dirigeants de leur côté profitent d'un certain standing : voiture de fonction, notes de frais généreuses. « Les administrateurs, qui sont le plus souvent à l'origine des personnes peu diplômées, peuvent ainsi au moins tripler leur revenu et accéder à une situation financière qu'ils auraient peu de chance de trouver ailleurs », estime un ancien responsable. Les dirigeants des fédérations syndicales aussi bénéficient des mêmes facilités. Mais, pour eux, c'est la maison mère EDF elle-même qui paye.

Évidemment, petits et gros avantages sont d'abord alloués au maître de cérémonie, la CGT. Ce qui n'empêche pas les syndicats minoritaires de ramasser quelques miettes au passage. En langage syndical, ce partage du gâteau s'appelle pudiquement le « pluralisme ». Un ancien de la CFDT raconte comment, après avoir quitté le bureau de la CCAS au début des années 1990 pour ne pas cautionner les dérives à la suite des virulentes critiques de la Cour des comptes, la CFDT a négocié son retour. Elle a plaidé pour que le comité d'entreprise « s'ouvre sur l'extérieur », c'est-à-dire qu'il ne passe pas uniquement ses contrats avec Touristra, l'organisme de vacances proche du PC, mais aussi avec Invac et VVF, entreprises réputées plus proches des courants CFDT... Michel Detot, ancien vice-président CFDT, a également exigé de la CGT un soutien au Codev, l'important dispositif de coopération internationale et d'aide aux pays en voie de développement mis en œuvre par le syndicat, aujourd'hui rebaptisé « Électriciens sans frontière ». Preuve que grandes causes et basse cuisine sont souvent mêlées.

4

Les frondeurs

C'est une forteresse imprenable. Tous ceux qui s'y attaquent se cassent les dents : la CGT met tout en œuvre pour broyer quiconque tente de lui faire de l'ombre. Depuis le dernier étage d'un centre de vacances de la côte bretonne, Fernand Coulon bénéficie d'une vue hors du commun : la jolie baie de Trébeurden s'offre à lui sous un angle différent de chacune de ses fenêtres. Contempler la mer à perte de vue ne lui suffit pourtant pas à oublier ses rancœurs. Ce cégétiste de cœur, fils et petit-fils d'agent EDF, a le sentiment d'avoir brisé sa carrière parce qu'il ne voulait pas « cautionner un système ». Petit homme râblé au regard aigu, Coulon estime que la CGT a perdu son âme. Il juge que le comité d'entreprise fait passer le développement de l'appareil syndical avant l'intérêt des agents EDF. Il a bâti sa carrière dans les centres de vacances des électriciens et gaziers. Il a parcouru la France des années de village en village, l'hiver à la montagne, l'été au bord de la mer. Sa femme le rejoignait, le plus souvent embauchée comme saisonnière dans les centres du comité d'entreprise. Longtemps le système lui a convenu. Il a tissé de cette façon le réseau qui lui sert aujourd'hui. Fernand Coulon connaît tout de la Caisse centrale d'activités sociales. Tout et tout le monde. Jusqu'à son président Jean Lavielle qu'il tutoie depuis l'enfance – ils ont tous deux grandi à Bayonne.

Fernand Coulon fait partie de ces agents à qui la CCAS a tout donné, puis tout repris. L'histoire de ce chef ouvrier électricien de Bayonne promu en quelques années directeur d'institution, un poste lourd de responsabilités auquel il n'aurait pas pu prétendre ailleurs, ne pouvait que mal se terminer. En 1990, la Cour des comptes classe au rang des anomalies sa progression fulgurante dans le statut de l'entreprise. À son arrivée à Trébeurden en 1988, Fernand Coulon, alors âgé de 35 ans, gère du jour au lendemain un centre qui effectue près de 80 000 repas et 36 000 nuitées par an. Il est propulsé dans l'échelle des qualifications. Son statut et sa rémunération connaissent ensuite un brusque coup d'arrêt. Pourtant, le centre qu'il dirige affiche de beaux taux de remplissage, assure-t-il. Coulon ne comprend pas les reproches qui lui sont faits. Aigri, il bascule alors dans l'opposition.

La Caisse centrale d'activités sociales a suscité de multiples amertumes. L'absence de gestion des carrières cohérente au sein du comité d'entreprise engendre un fort sentiment d'injustice. Les refus d'avancement ne s'appuient pas sur des critères définis et objectifs. Ce manque de rigueur entretient l'idée que le clientélisme règne sur les promotions. Les carrières accélérées de certains agents suscitent la jalousie des autres, persuadés que l'appartenance à la CGT remplace tous les diplômes, toutes les compétences. Les témoignages de salariés s'estimant floués sont nombreux. Le système privilégie selon eux le copinage plutôt que la compétence. Au début de l'année 2002, plus d'une centaine de dossiers étaient en cours devant les prud'hommes, des conflits de salariés le plus souvent syndiqués CGT à l'origine qui un beau jour sont entrés en résistance... En échange de ses belles promotions, la CGT demande à ses lieutenants une fidélité sans faille, voire sans critique. Elle ne pardonne aucun écart syndical. Cette machine qui génère de multiples frustrations a fini par produire elle-même ses pires détracteurs.

Pour Fernand Coulon, les hostilités avec sa hiérarchie démarrent franchement en 1997, lorsqu'il refuse une mutation. Le directeur a l'ironie facile : « Pourquoi la direction de la Caisse a-t-elle attendu plusieurs années pour faire des travaux de réfection, malgré de nombreux signalements ? A-t-elle volontairement laissé échapper la possibilité de faire jouer la garantie décennale, afin d'éviter de contrarier un entrepreneur qui rend des services par ailleurs ? Moi, j'ai posé des questions en interne pendant vingt ans, raconte le trublion, mais je ne suis pas Che Guevara. Il y avait des choses pour le moins étranges. Comme ce village vacances au Pays basque, entièrement construit sans gouttière et régulièrement inondé, ou celui de Mimizan, magnifique, mais bâti tout en bois – une aberration en bord de mer – si bien qu'il fallait le repeindre en permanence ! Comment les architectes qui travaillent pour le comité d'entreprise sont-ils si mauvais ? N'est-ce pas parce que leur objectif n'est pas de faire le meilleur travail au moindre coût, mais de rendre service au syndicat ? »

Ce discours ne plaît pas en haut lieu. D'autant que Coulon refuse toujours de quitter son poste de directeur d'institution : « La Caisse avait décidé de “politiser” le terrain, explique-t-il, toujours avec la même gouaille. “Ils” me demandaient de devenir adjoint au directeur de secteur (un secteur couvre plusieurs centres), pendant que celui-ci, nommé pour ses qualités “politiques”, était chargé de faire tourner les photocopieuses pour le parti... J'ai refusé. » En 1999, Fernand Coulon est démis de ses fonctions de directeur et la CCAS lui demande de rendre son appartement.

Les relations entre Fernand Coulon, l'ancien militant devenu mouton noir de la CGT, et ses patrons, virent au vinaigre. Un autre directeur est nommé à la tête du centre de Trébeurden, sans que la situation de Coulon soit franchement tranchée pour autant. Les deux directeurs se croisent d'ailleurs souvent dans l'ascenseur car... Fernand Coulon continue quand même de bénéficier de son appartement de fonction au dernier étage du centre ! Il se rend tous les matins à son bureau – puisqu'il touche encore son salaire chaque mois. Jusqu'au jour où sa porte est forcée et le bureau vidé de son contenu, raconte-t-il. Son salaire est bloqué depuis février 2004, après une comparution en conciliation au conseil de prud'hommes. L'affaire est encore devant la justice : les tribunaux devront établir les raisons objectives de la brouille. Les responsables de Fernand Coulon mettent en doute l'honnêteté de leur ancien protégé. L'attitude ambiguë des dirigeants de la CCAS laisse percer le malaise dans cette institution incapable de gérer sainement les carrières de ses agents.

Désormais, Fernand Coulon est retranché avec sa famille dans son appartement de Trébeurden. Il tire les ficelles de la rébellion. Il a beau vivre dans l'un des coins les plus reculés de France, l'homme est au cœur d'un récent réseau de « résistants », des anciens militants CGT pour beaucoup, que le système CCAS a remplis d'aigreurs. Son arme : Internet. Fernand Coulon a redressé la tête quand il a compris quelle formidable force de frappe il avait entre les mains. Jour après jour, il centralise les nombreux témoignages, anonymes ou pas, qui affluent dans sa messagerie. Tout cela conforte sa position. Comme il manie la plume avec le même plaisir que le verbe, il se lance dans la rédaction d'une lettre, *CCASmag* qui tente de démonter par le menu les rouages et les dérives de la CCAS. Le ton est polémique, mais ces pamphlets attirent des lecteurs : 4 000 connexions en moyenne par lettre, selon l'auteur. Morceaux choisis : « Vous avez dit bizarre ? peut-on lire. La CCAS transforme ses institutions en SCI (sociétés civiles immobilières). L'avantage, c'est que cela permet d'accueillir d'autres personnes, notamment en périodes creuses, et ainsi de rentabiliser au mieux le (notre ?) patrimoine. Alors nous avons ouvert le catalogue et nous nous sommes dit que compte tenu du traitement salarial que la CCAS nous réservait, un petit tour au soleil d'outre-mer au mois de janvier nous serait des plus bénéfiques. Pas de problème, là-bas toutes les institutions appartiennent aux CMCAS (les caisses mutuelles décentralisées) et sont toutes en convention. Période d'ouverture réservée aux agents ? En gros d'avril à septembre. Hors saison ? Un peu plus et ils nous réservaient la saison des pluies. Pourtant le catalogue vacances, page 140, indique bien : centre de vacances CMCAS-EDF... Si ça se trouve, c'est pas nous ? »

Le rédacteur de *CCASmag* fustige la gabegie avec acidité : « CHAMPIONS DU MONDE ! ! ! ! ! La CCAS rénove son réseau. Ainsi à Trégastel il est prévu de transformer le village de toile (récemment entièrement restructuré) en village de bungalows. Alors on démonte, on commence à casser les sanitaires... Et là, problème. Recours d'un voisin ? La mairie pas d'accord ? En tout cas, on est dans la m... Il faut tout remonter, annuler le transfert de matériel initialement prévu, embaucher du personnel supplémentaire et modifier le budget [...]. À Trébeurden, même combat [...]. L'entreprise chargée du nettoyage et du décollage des moquettes murales aurait vaporisé les détecteurs d'incendie. Le coût de la réparation serait aussi cher que le neuf. Et on s'en est aperçu trop tard... Nous, on se dit que si on leur donnait le désert à gérer, au bout de six mois, ils chercheraient à acheter du sable. »

Cégétiste, Coulon déclare avoir encore la flamme. Mais il se pose aujourd'hui en pourfendeur de la corruption du système : « Il y a deux sortes de militants, lance-t-il. Pour certains, il faut d'abord protéger le système. Pour eux, détourner un peu d'argent pour les camarades, c'est bon pour la solidarité en général. Et puis il y a ceux qui comme moi refusent tout cela. »

Il a prévenu : « Si je meurs, a-t-il lancé à Jean Lavielle, je ne mourrai pas seul. » C'est ainsi qu'il a porté plainte pour abus de bien social. Sa démarche, et celle de François Vicherat ou de Richard Cheminot, de simples agents comme lui, est l'un des éléments qui ont amené la justice à s'intéresser de près au comité d'entreprise d'EDF. Fernand Coulon a été auditionné par la brigade financière pendant près de six heures trente, le 24 juin 2004. Le commandant a lui-même fait le déplacement de Paris à Rennes pour entendre son témoignage.

Depuis quelques mois, la dissidence trouve des relais sur l'ensemble du territoire national. C'est le cas dans la région de Marseille, à Grenoble, dans la région parisienne, etc. Depuis son appartement moderne du centre ville, ce cadre d'une caisse mutuelle règle des comptes. À quelques jours de la retraite aujourd'hui, il n'a plus de raison de taire ce qu'il sait du système. Dans les œuvres sociales, on soigne les cadres dirigeants et Claude n'a pas toujours dit non quand il s'est vu proposer quelques menus cadeaux – comme un séjour prestigieux et gratuit, en famille, au festival de Cannes. Mais il a aujourd'hui la dent dure contre ceux qui ont fait puis défait sa carrière. Pour avoir été des leurs, il connaît bien la machine. Ses réseaux à l'intérieur de la maison en font un interlocuteur prisé des journalistes.

À quelques centaines de kilomètres, Charlie [1] mène lui aussi la fronde. Ce personnage haut en couleur, mais prudent, cadre dans une direction régionale du comité d'entreprise, a choisi l'anonymat : en fin connaisseur du système, Charlie sait qu'on ne l'affronte pas sans y laisser des plumes. « J'ai déjà reçu des menaces, souffle-t-il. J'ai été séquestré dans mon bureau. J'avais demandé aux services médicaux le contrôle d'une personne qui enchaînait les arrêts de travail tout en travaillant ailleurs. J'ai vu débarquer quatre malabars dans mon bureau, qui m'ont expliqué en substance : "Si tu ne veux pas d'ennuis, ne nous ennuie pas..." » Pour autant, Charlie ne manque pas d'humour, lui non plus, quand il fustige les travers du « palais social » – c'est ainsi qu'il surnomme les œuvres sociales d'EDF – et distille discrètement ses informations assassines. Il peut par exemple révéler quelles factures ont été indûment imputées à son service. Ce délégué du personnel n'a pas son pareil pour débusquer les combines de la CGT. Il traque avec un plaisir non dissimulé les faux pas de ses adversaires. Il épluche avec minutie les bordereaux du personnel, à la recherche d'une nomination indue,

1. Les prénoms ont été changés pour des raisons de confidentialité.

d'une embauche injustifiée. L'ancien militant de gauche brandit aujourd'hui avec fierté sa carte de l'UMP. Quadragénaire à l'allure sportive, Charlie baroude depuis près de vingt ans au sein des œuvres sociales. Il s'est confié au directeur général, Jean-Claude Laroche, bientôt lui aussi gagné par les doutes de son interlocuteur.

Voici leurs échanges de courriers : « En ce début d'année j'aurais aimé vous adresser un courrier habituel et spontané, vous formulant simplement tous mes vœux pour 2003. Mais la démarche qui m'amène est un peu moins cordiale. J'ai constaté à plusieurs reprises – en laissant des indices – que mon poste de travail était visité... que ma messagerie était lue et en particulier mon courrier syndical. Dernièrement, j'ai envoyé un courrier à un certain nombre de collègues qui l'ont reçu en 253 exemplaires... Intervention du Saint-Esprit les veilles de Noël pour booster les messages ?... »

Réponse d'abord très distanciée de Laroche : « Je tiens à vous exprimer ma surprise devant le courrier que vous venez de nous adresser. Surprise sur les faits que vous relatez (ubuesques dans un organisme social ! ! !) et surprise sur le ton un peu polémique, parce qu'il va de soi que la direction de la CCAS ne peut en aucune manière cautionner des pratiques qui consisteraient à ouvrir les messageries de certains agents. »

Mais un quart d'heure plus tard, le ton change, quand Laroche, abasourdi, renvoie ce message : « Pour information, en réponse au mail que je viens de vous envoyer, j'ai reçu un avis de non-distribution pour le motif : 250 OK ! ! ! », constatant de lui-même les étranges « dysfonctionnements » de la messagerie de son interlocuteur.

Un comptable du sud de la France a lui aussi eu maille à partir avec l'informatique maison. Fabrice [1] a découvert, en se rendant dans un bureau voisin, que sa messagerie était en réalité reroutée sur l'ordinateur d'une collègue. Fabrice n'est pas très étonné : il a mis en cause le fonctionnement de la CCAS. Depuis qu'il a refusé de signer certaines factures selon lui injustifiées, ses rapports avec la hiérarchie – cégétiste – se sont tendus. Il est mis à l'index. Après de longs mois de dépression, cet ancien cégétiste, lui aussi, a rejoint le camp adverse : il est devenu permanent à la CFE-CGC et milite contre les dérives locales.

Enfin, un homme a agi de l'extérieur : Victor Frémaux, haut cadre d'EDF en retraite et ancien responsable de la section du parti socialiste d'EDF. Une belle carrière derrière lui, Frémaux n'éprouve pas de rancœur personnelle à l'égard du syndicat. Cet énigmatique petit homme a pourtant lui aussi porté plainte et sa démarche a été décisive dans le déroulé judiciaire.

Victor Frémaux est venu en renfort de Jean-Claude Laroche. Il a choisi pour défendre sa cause le même avocat. Adversaire déclaré de François Roussely, opposé à la privatisation d'EDF, et surtout fin tacticien politique, Victor Frémaux estime que la seule façon de protéger le statut des électriciens et gaziers et leur comité d'entreprise, c'est de balayer devant sa porte. Il a rejoint la fronde des laissés-pour-compte du comité d'entreprise pour contrer l'alliance de François Roussely et de la CGT. Il préfère, explique-t-il, porter plainte lui-même que voir les tenants du libéralisme s'appuyer sur les mauvais comptes de la CGT pour obtenir une large refonte du statut... À la tête d'« une petite bande de papys qui se posent des questions depuis long-

1. Le prénom a été modifié.

temps », selon son expression, il participe lui aussi à un réseau Internet de « résistance », le collectif « Jean Marcel Moulin » – un nom qui fait allusion à la fois à Jean Moulin et à Marcel Boiteux, l'un des grands présidents incontestés d'EDF. Comme les autres « frondeurs » du comité d'entreprise, cet homme de réseau est prêt à faire tomber la CGT.

5

De Marcel Paul à Nicolas Sarkozy

Ce mardi 4 mai 2004, le nouveau ministre de l'Économie et des Finances de Jean-Pierre Raffarin est prêt au combat. Nicolas Sarkozy est en poste depuis un mois et trois jours, mais il sait déjà que sa réussite à Bercy se jouera en partie sur le dossier EDF. Il a donc décidé de se mouiller et d'aller lui-même vendre son projet d'ouverture du capital de l'entreprise nationalisée aux agents. Après une visite à la centrale nucléaire de Chinon la semaine précédente, il rencontre ce jour-là le personnel de la distribution de Cergy-Pontoise. Dans la salle, un vaste chapiteau blanc dressé à la hâte, il a face à lui un public à conquérir : des cadres réquisitionnés pour l'occasion, disciplinés mais réticents au projet d'ouverture, et des syndicalistes franchement hostiles à la politique gouvernementale. Dehors, des militants de la CGT, cantonnés derrière des grilles par une armée de CRS, hurlent leur colère. « J'irai les voir en sortant », lance bravache Nicolas Sarkozy en s'installant derrière son pupitre. En quittant l'assemblée plus de deux heures plus tard, il se glissera discrètement dans sa Velsatis noire, oubliant consciencieusement sa promesse.

Le style Sarkozy produit tout de même son effet. Avec des trémolos dans la voix, il invoque une certaine idée de l'entreprise française, la force du service public. Le ministre vient pourtant vendre à l'auditoire le changement de statut EDF. Mais il montre vite qu'il est prêt à mettre le prix qu'il faudra pour l'obtenir. Il promet une participation de l'État minimale de 66 % [1] garantie par la loi, l'abandon du sigle RTE (Réseau de transport électrique) au profit de EDF et GDF-Transport, et surtout il jure la main sur le cœur qu'il ne « touchera pas au régime du 1 % du chiffre d'affaires pour les œuvres sociales », ni d'ailleurs à une seule ligne du statut du personnel. La brigade financière a pourtant perquisitionné la semaine précédente les locaux de la CCAS. Mais on ne change pas une formule qui marche !

Quand le ministre fait cette promesse, il est persuadé que la CGT ne s'opposera pas vraiment à son projet. Ses conseillers n'ont pas senti le durcissement de la base des militants. Les représentants qui se rendent à Bercy continuent à négocier mais, sur le terrain, les agents veulent des actions dures. Ils sont très méfiants à l'égard d'une fédération soupçonnée de « pactiser » avec la direction de l'entreprise et Bercy depuis que l'ancien patron de la Fédé, Denis Cohen, aurait voulu signer un accord sur la réforme des retraites que la base rejetait.

En ce début du mois de mai, Nicolas Sarkozy pense que les coupures de courant et les manifestations de force vont se multiplier pendant toute la durée des discussions mais que l'ouverture du capital se fera. En fin négociateur, il veut donner du grain à moudre à ses partenaires et à la CGT en particulier, quitte à maintenir dans la naphtaline un système en décomposition. Les

1. Les députés ont finalement fixé ce seuil de participation à 70 %.

agents d'EDF doivent élire les administrateurs de leur comité d'entreprise quelques mois plus tard, en octobre 2004. Le ministre ne veut pas mettre la CGT en porte à faux avant cette échéance. À son habitude, il essaye de séduire l'adversaire, surtout quant celui ci est rétif. Après seulement trois réunions, il s'est essayé au tutoiement avec le patron de la CGT-Énergie. Il est même allé jusqu'à féliciter le même Frédéric Imbrecht lors d'une élection du personnel où le syndicat a amélioré son score de 3 %. Un résultat électoral largement dû à l'opposition affichée du syndicat au projet de privatisation.

Nicolas Sarkozy ne voulait pas commettre les mêmes erreurs tactiques que son prédécesseur Francis Mer qui avait braqué toutes les organisations syndicales contre lui. Le style direct de l'ex-patron d'Usinor, ancien administrateur d'EDF, heurtait les syndicats. « Lorsqu'il se retrouvait avec François Roussely, le président d'EDF, confie un de ses collaborateurs au ministère, on avait le sentiment que les rôles avaient été inversés. Mer raisonnait en industriel pur et dur alors que Roussely pensait en politique. »

Francis Mer n'avait jamais caché qu'il voulait réformer vite, quitte à tenter de brusquer le Premier ministre qu'il jugeait trop prudent et pas assez ferme avec la CGT. Le projet de loi sur la réforme du statut d'EDF qu'il a transmis au Conseil d'État quelques semaines avant les élections régionales de 2004 a mis le feu aux poudres. Il prévoyait ni plus ni moins d'aligner à terme les institutions représentatives du personnel d'EDF et de GDF sur le droit commun. Un sacrilège. Nicolas Sarkozy s'est empressé de faire réécrire cet article pour qu'il ne heurte plus ses « amis » de la CGT.

En 1946, lorsqu'il rédigeait la loi sur le statut des électriciens et gaziers, Marcel Paul, secrétaire d'État à la Production industrielle du Conseil national de la Résistance, ne pouvait imaginer que son œuvre serait défendue cinquante-huit ans plus tard par le très libéral champion de la droite. C'est Marcel Paul, en effet, qui a créé le statut des électriciens et gaziers de France. Pupille de l'État français, engagé dans la marine à dix-sept ans, il devint mécanicien-électricien. Il participa en 1919 à la révolte des équipages de Brest et se forgea une réputation de forte tête. De retour dans la capitale, il fut embauché en 1923 à la Compagnie parisienne de distribution d'électricité. Il devint l'un des dirigeants de la fédération Énergie à vingt-sept ans et en prit la tête à l'âge de trente-sept ans. Communiste, résistant, il fut déporté en 1942 à Buchenwald. Lorsque le général de Gaulle associa les communistes au gouvernement, il lui confia le secrétariat d'État à la Production industrielle.

C'est un cas unique dans l'histoire économique française : un syndicaliste communiste s'est retrouvé chargé de la nationalisation de plus d'un millier d'entreprises. Marcel Paul, l'enfant trouvé, croit au rôle social du Parti et du syndicat. Il conçoit le comité d'entreprise comme un outil d'émancipation sociale et culturelle. Mais, en janvier 1946, le général de Gaulle quitte le pouvoir avant que Marcel Paul ait pu présenter son texte sur le statut des électriciens et gaziers au Parlement. La crise politique éclate, les adversaires de la nationalisation sortent de l'ombre et tentent de torpiller la loi. Le MRP espère encore imposer son idée d'entreprise mixte. Certains députés, notamment les socialistes, tentent de sortir les régies de leur circonscription du périmètre de la nationalisation.

En mars, la crise atteint son paroxysme et les ministres communistes menacent de démissionner. Un texte de compromis est arrêté. Le projet arrive à l'Assemblée en séance le 22 mars 1946. Cent vingt-sept amendements sont déposés.

Marcel Paul doit mettre en balance le 1 % en faveur des œuvres sociales avec le 1 % consacré à l'indemnisation des entreprises privées dont les actifs sont nationalisés. Il comprend vite qu'il lui faut faire des concessions pour obtenir l'argent nécessaire aux œuvres sociales telles qu'il les imagine. La droite considère que Marcel Paul veut ruiner la future entreprise avec ses exigences pour le personnel.

Finalement, la loi prévoit que 1 % des recettes de distribution de l'électricité et du gaz en France sera distribué aux anciens propriétaires pendant cinquante ans et que 1 % ira dans les caisses des œuvres sociales des salariés, sans préciser de terme cette fois. À l'époque, ce partage paraît équitable. Le ministre communiste est satisfait. En étudiant la situation des propriétaires à indemniser, il s'aperçoit qu'il ne s'agit pas uniquement de groupes puissants mais d'une nuée de petits actionnaires qui avaient investi leurs économies dans les sociétés d'électricité.

C'est ainsi que, lorsque le moment est venu de résilier le contrat des actionnaires, les gouvernements de Rocard, Balladur et Juppé se sont très discrètement posé la question de la rente versée aux salariés. Fallait-il également la supprimer ? Aucun des ministres concernés n'a en tout cas souhaité ouvrir publiquement le débat et provoquer la colère des syndicats.

En juin 1946, au moment des élections législatives, Marcel Paul profite du vide institutionnel qui précède la nomination du gouvernement suivant pour faire signer son décret par Félix Gouin, le président du Conseil sortant. Une demi-heure plus tard, le ministre est au *Jour-*

nal officiel pour faire publier le statut national des électriciens et gaziers.

Les premières élections des membres du conseil d'administration du comité d'entreprise appelé à l'époque la Caisse centrale des œuvres sociales se déroulent le 14 janvier 1947. La CGT rafle 84 % des voix. Le CE présidé par Marcel Paul se met rapidement au travail. Dès 1947, il envoie 6 492 enfants en vacances. « La CCOS organise aussi des arbres de Noël (92 000 enfants y participent en 1947), des activités sportives (84 associations groupant plus de 13 000 sportifs fonctionnent dès la fin 1947) et offre dans le cadre des jardins ouvriers des fournitures horticoles à plus de 15 000 agents. Enfin, il commence à créer un réseau national de bibliothèques. Plus de 25 000 ouvrages seront bientôt achetés et répartis dans les 92 caisses d'actions sociales [1]. » Les réalisations se multiplient et font le succès du comité d'entreprise qui développe des actions très en avance sur son époque. En 1949, il invente le tourisme industriel en installant un village de toile à Génissiat permettant de visiter le barrage hydraulique.

« Le statut n'est pas né de rien, explique Catherine Delipirou-Desmaisons, responsable des ressources humaines pour la France, c'est l'œuvre de Marcel Paul certes, mais le personnel des entreprises d'électricité relevait déjà d'un droit social spécifique. Ils avaient un régime de retraite particulier, des conditions de travail supérieures à celles de l'époque. Leur statut se rapprochait souvent de celui des collectivités ou des villes pour lesquelles ils travaillaient. Il s'agissait en général

1. Henril Morsel, *Histoire générale de l'électricité en France*, Association pour l'histoire de l'électricité, Paris, Fayard, 1996.

des techniciens avec des salaires au-dessus de la moyenne. »

Le statut n'en demeure pas moins aujourd'hui la Rolls Royce du droit social français. Les salariés d'EDF et de GDF bénéficient d'avantages à couper le souffle avec notamment des conditions de départ à la retraite en or. Les agents perçoivent un salaire d'inactivité à cinquante-cinq ans s'ils ont totalisé quinze ans de travail dans des services classés insalubres ou actifs. Sur le papier, ces catégories relèvent de critères précis en termes de dureté de la tâche, de l'environnement et des éventuelles astreintes. Mais il est loin d'être réservé à une minorité. Gilles Ménage, président de l'entreprise entre 1992 et 1995, s'étonne encore aujourd'hui du nombre de salariés classés en service actif et dont le poste ne le justifiait pas à l'époque. « Lorsque j'étais président, raconte-t-il, 80 % du personnel étaient dans ce cas, cela ne correspondait pas toujours à la réalité de leur travail. » Aujourd'hui, ce sont encore les deux tiers des effectifs qui bénéficient des départs anticipés. Les autres ne font pas de vieux os pour autant : ils quittent l'entreprise après 37,5 ans de cotisations. Une fois à la retraite, les salariés ne perdent rien de leurs avantages. Bien au contraire. Ils continuent à bénéficier des services du comité d'entreprise et de la mutuelle pour eux et leur conjoint, parallèlement leur cotisation chute de... 60 %.

L'intérêt d'être gazier ou électricien ne s'arrête pas là. Il se niche également dans une kyrielle d'avantages grands et petits qui agrémentent le quotidien. Marcel Paul a pensé à tout. Lorsqu'un salarié se marie, l'entreprise verse deux mois de salaire dans la corbeille de la mariée ! Puis quand la famille s'agrandit, l'électricien reçoit un mois de salaire pour le premier enfant, deux mois pour le deuxième et le troisième, trois mois pour les suivants. Les agents qui ont la gueule de bois les lendemains de 1er janvier ont le temps de récupérer si le jour de l'an tombe un dimanche. Le 2 janvier devient alors automatiquement férié. Ce régime s'applique également au 25 décembre. C'est gravé dans le marbre du statut depuis 1946 ! L'entreprise est également généreuse en matière de congés avec six jours ouvrables pour un mariage et quatre pour une naissance. Le rédacteur du décret pourtant communiste a même offert un jour de congé pour les cérémonies de première communion. L'article 19 du statut précise même que « les délais de déplacement éventuels découlant de ces circonstances sont à déduire de ces congés ». L'avantage le plus important reste l'emploi garanti à vie. Même s'il n'est pas formellement inscrit dans le statut, pour les agents il en fait indéniablement partie.

Dès la fin des années 1940, en pleine guerre froide, les premières accusations de détournement de fonds du CCOS à l'attention de la CGT et du parti communiste planent sur les œuvres sociales d'EDF. Les deux représentants CGT au conseil d'administration du CCOS sont exclus en 1950 pour avoir refusé de voter une autorisation d'emprunt. Les avis des historiens divergent. Les accusations de malversations reposent-elles sur de réels abus de la CGT ou s'agit-il de rumeurs et de prétextes pour débarquer les communistes ?

Le gouvernement et les administrateurs CGT s'affrontent sur toute une série de questions liées à la gestion de l'organisme. La crise éclate au sujet des cantines. Finalement, le CCOS est dissous le 15 février 1951, un administrateur provisoire est nommé. Le comité d'entreprise d'EDF est expulsé *manu militari* de son siège parisien de la rue de Calais le lendemain. Les syndicats ne reprendront la main qu'en 1955 avec l'arrivée de Mendès France, mais la CGT ne réintégrera le conseil d'administration qu'en 1963. Un décret de 1951 prévoyait que le poste ne pouvait être occupé par un ancien parlementaire. Une disposition mitonnée aux petits oignons pour exclure définitivement le retour de Marcel Paul, le père fondateur, à la tête du CE. La CGT s'est obstinée plusieurs années à proposer sa candidature à chaque élection.

Robert Bailly fut un proche collaborateur d'Henri Maupoil, l'un des dirigeants de la fédération Énergie entre 1975 et 1985. Pendant des années, il fut l'homme à tout faire de la Fédé. Aujourd'hui à la retraite dans un lotissement résidentiel de Cergy-Pontoise, il jette un regard froid sur ses années de militant. Il a pris sa carte à la CGT et au PC parce que c'était la meilleure façon de gravir rapidement les échelons chez EDF-GDF. Il a quitté l'entreprise avec un statut de cadre moyen. Robert Bailly affirme que la CCAS a toujours servi de base arrière au PCF et à la CGT. Il se souvient de ce jour de 1977 où le PC avait sollicité la Fédération pour une aide financière aux grévistes de Manufrance. Il a assisté à toute la scène qui se déroulait dans le hall du bâtiment de la Fédé à Pantin. Robert Gaillard de la CCAS était présent avec Pauwels, le patron de la Fédération.

— Il nous faut 3 millions de francs, lâche Pauwels.

— Je ne peux pas, résiste Gaillard.

— Si tu ne peux pas, quelqu'un pourra à ta place. Tu seras démis de tes fonctions.

Robert Bailly se souvient des chèques qu'il déposait au Novotel de Pantin. « Je passais les chercher directement à la CCAS et je réglais les notes des délégations venues de l'Est invitées par la CGT et le PCF. »

Robert Bailly affirme également avoir été, lors de deux campagnes législatives dans les années 1970, le porte-valise de Henri Martin, premier matelot de la guerre d'Indochine, héros du Parti communiste français qui a symbolisé le refus du contingent de se battre en Indochine. Une star de l'époque. La trésorière de la Fédération distribuait les enveloppes de liquide pour payer les faux frais de la campagne (hôtels, restaurants...). Mais ces petits arrangements restaient discrets. « Nous étions quelques-uns à être au courant, se souvient-il, les patrons ne voulaient pas que cela s'ébruite. Lorsque j'ai voulu inviter Henri Martin à la Fédé pour déjeuner après la campagne, le secrétaire général était très réticent. Il ne voulait pas afficher de liens trop étroits avec les communistes. Il a soumis ma demande au bureau. Elle a été acceptée mais cette visite n'a eu aucun caractère officiel. »

6

Quelques emplois fictifs et une armée de militants

Le parcours professionnel de Marie-Christine Beyleix intéresse beaucoup la justice. Cette mère de famille de quarante-cinq ans a pourtant un profil très classique à EDF. En novembre 2003, elle a fait valoir ses droits à l'inactivité – la retraite des électriciens. Avec trois enfants et plus de vingt ans de maison, la jeune retraitée avait bien mérité son départ anticipé au regard du statut. Avant de quitter la maison, elle occupait depuis un an un poste d'assistante à la direction régionale du Languedoc-Roussillon. Banal. Ce sont toutefois ses états de services antérieurs qui intéressent les enquêteurs. Marie-Christine Beyleix a été l'une des proches collaboratrices de Bernard Thibault au siège de la CGT à Montreuil. En plus de ses deux secrétaires, le patron de la CGT aurait bénéficié jusqu'en 2002 de quatre assistantes... dont Marie-Christine Beyleix, officiellement détachée par EDF au siège du comité d'entreprise pour s'occuper des loisirs des électriciens et des gaziers. Le juge financier Jean-Marie d'Huy a trouvé la situation à ce point insolite qu'il a demandé au parquet de Paris, en avril 2004, l'ouverture d'une enquête spécifique sur le cas de cette assistante qui serait douée d'ubiquité.

Les enquêteurs soupçonnent, on l'a compris, la discrète assistante de la CCAS de posséder un emploi fictif au profit de la CGT.

Mise en cause par le journal *Le Monde* qui a révélé l'affaire de la secrétaire de Bernard Thibault en mai 2004, la CGT a tout d'abord démenti purement et simplement cette information. Dans un deuxième temps, la Confédération a déclaré que l'assistante du secrétaire général effectuait en fait des missions pour lui. Une sorte de délégation syndicale accordée à la CGT par le comité d'entreprise d'EDF-GDF ? La pilule devrait être difficile à avaler par le juge car le CE n'est pas censé « détacher » à la CGT du personnel qui lui a été « détaché » par EDF.

Jean-Christophe Le Duigou, secrétaire confédéral de la CGT, un proche de Bernard Thibault, explique aujourd'hui très officiellement que Marie-Christine Beyleix a travaillé à la Confédération entre 1999 et 2002. « Avec de longues périodes d'interruption, affirme-t-il. Elle n'a jamais été l'assistante de Bernard Thibault ; elle était la collaboratrice de Christian Delacherie qui appartient au cabinet de Bernard et rédige la plupart de ses discours. Marie-Christine Beyleix effectuait pour lui des recherches documentaires sur les entreprises. » Selon Jean-Christophe Le Duigou, l'assistante a été mise à disposition du staff de Bernard Thibault par le syndicat CGT de la CCAS. Le secrétaire confédéral reconnaît qu'il existe un vide juridique pour les activités autres que professionnelles. En clair, la loi prévoit que la CCAS peut détacher du personnel à la fédération CGT de l'Énergie mais pas à la Confédération. « Il faut remettre le système à plat, martèle Jean-Christophe Le Duigou. Si le juge qualifie cet emploi de fictif, il en trouvera d'autres à la CGT mais aussi dans tous les autres syndicats. »

En octobre 2002, lorsque Josette Collombat a pris ses fonctions de directrice générale adjointe au comité d'entreprise, elle s'est plongée dans l'analyse du budget de la direction générale. Cette spécialiste des ressources humaines connaît toutes les subtilités du statut d'EDF où elle est entrée en 1978. Rompue aux règles du détachement et de la mise à disposition de salarié, Josette Collombat n'en est pas moins restée médusée par les pratiques maison. Elle a, selon ses déclarations, appris que l'une des assistantes du directeur, inscrite sur les tableaux du personnel et payée par le CE, ne travaillait pas sur place. Après une petite enquête, une secrétaire l'a rapidement mise au parfum : la collaboratrice fantôme pointait à quelques rues de là au siège de... la CGT, comme Marie-Christine Beyleix. Un peu plus tard, la responsable de la communication du CE aurait confié à la nouvelle direction qu'elle rémunérait dans son service un pigiste dont les œuvres étaient publiées dans *La Vie ouvrière*, l'organe de presse de la CGT. « Un des salariés employés à plein temps par le service de communication ne travaille pas pour la CCAS mais il effectue des prestations pour d'autres organisations dont les premières finalités ne sont pas les activités sociales. Nous vous rappelons notamment que toutes les activités effectuées par des salariés pour des tiers doivent être bénévoles ou payées », écrivait derechef en guise de mise au point Jean-Claude Laroche le 14 novembre 2002 à la responsable de la communication. Au total, la brigade financière en charge de l'enquête sur d'éventuelles malversations à la CCAS a pisté sept emplois fictifs présumés au siège, dont une élue communiste de la petite couronne.

L'emploi fictif présumé de la secrétaire du numéro un de la CGT, c'est l'arbre qui cache une forêt de liens ambigus entre le personnel du comité d'entreprise d'EDF-GDF, le syndicat ouvrier et la place du Colonel-Fabien. Le comité d'entreprise emploierait en fait une armée de militants au service de la CGT et du PCF. Petits coups de main donnés pour monter les tréteaux de la Fête de *L'Huma*, préparation et fabrication de tracts de l'union locale du syndicat, participation à la manifestation des intermittents du spectacle, extras pour les réceptions du syndicat ou mission de longue durée, les bonnes volontés syndicales et politiques ne semblent jamais découragées. Bien au contraire.

« Quinze jours avant les dernières élections présidentielles, j'ai surpris moi-même un de nos salariés à la photocopieuse, raconte Thierry Lathoud, syndicaliste CFE-CGC au comité d'entreprise, à Grenoble. Il était en train de tirer des dizaines de tracts pour le PCF sur nos machines professionnelles... J'en ai pris un et j'ai averti la direction, qui n'a pas réagi. Ce salarié, un ancien cégétiste de chez Renault, venait tout juste d'être embauché chez nous. »

L'habitude est ancienne. Un tract d'octobre 1978, signé de l'Union régionale parisienne des syndicats Force ouvrière de l'EDF et de GDF, dénonçait déjà le « détournement des fonctions du personnel ». Le syndicat fustigeait, sur deux pages intitulées « Main basse sur la CCAS », le gracieux « don d'un animateur permanent troisième âge à la municipalité communiste de Sainte-Tulle ».

Le mélange des genres est favorisé par une gestion des effectifs pour le moins approximative. Pendant l'année qu'elle a passée à la tête du comité d'entreprise entre 2002 et 2003, Josette Collombat s'est notamment appliquée à mettre en place un organigramme. Non sans mal. À la brigade financière, on caricature à peine le trait en lâchant : « À 1000 personnes près, il est difficile de se faire une idée du nombre d'employés ! » Pour finir de brouiller les cartes, certains recrutements seraient effectués par le siège pour des emplois à pourvoir en province et inversement. Les délégués du personnel de la CCAS doivent s'arracher les cheveux devant les bordereaux des effectifs.

Il n'existe pas de listing précis des salariés du CE. Seul chiffre vérifiable et confirmé par EDF-GDF, le nombre d'agents EDF-GDF « détachés » pour faire fonctionner les œuvres sociales de l'entreprise. Ils sont un peu plus d'un millier. Ces salariés continuent à être payés par leur entreprise qui leur envoie chaque mois leur fiche de paie. La CCAS rembourse ensuite ces salaires à EDF. Une opération blanche pour l'entreprise publique. Ou presque. Le CE bénéficie en effet d'un « écrêtement » des contributions sociales, dont près de 60 % restent à la charge d'EDF-GDF.

Le comité d'entreprise recrute également une partie de son personnel. Ils sont environ 2 000 en contrat à durée indéterminée. Le gros de cette troupe travaille dans les 240 cantines de l'entreprise.

Le calcul se corse lorsqu'il s'agit d'évaluer le nombre de vacataires en tout genre (intermittents, contrats à durée déterminée, intérimaires) qui pointent quelques heures, quelques semaines ou quelques mois dans l'année pour la caisse d'activités sociales. En juillet et en août, lorsque la saison bat son plein, l'effectif, évalué environ à 3 500 personnes en période basse, dépasse les 10 000. Force est de constater que la CGT, en position de « patronne », n'est pas très regardante sur le recours à l'emploi précaire.

L'organisation elle-même finit par s'emmêler les pinceaux dans le calcul des effectifs. Ainsi, le syndicat dans ses tracts annonçait 1 049 salariés statutaires de la CCAS inscrits aux élections de représentativité de novembre 2003 quand la direction n'en comptait que 1 016. « En commission du personnel on s'y perd, se lamente un délégué du personnel CGC. On voit passer des dossiers de gens que personne ne connaît, mutés sur des postes de second de cuisine dans une institution ou une cantine au fin fond de la Loire. Personne n'est capable d'aller vérifier sur place qui fait quoi. Nous n'avons en outre aucun regard sur les contrats à durée déterminée. »

Ces tours de passe-passe dans la gestion des ressources humaines ne sont possibles qu'en raison de sureffectifs importants. EDF-GDF est plus que généreuse en matière de prêt de personnel. Pierre Daurès, ancien directeur général d'EDF, longtemps en charge des questions du personnel, rappelle qu'à la fin des années 1980 la direction avait pourtant tenté de donner un coup de frein sur les détachements. La pente était telle que si l'on totalisait l'ensemble des prêts de salariés accordés au comité d'entreprise, cet avantage en nature faisait exploser le ratio du 1 %. Frais de personnels inclus, la subvention allouée au CE atteignait alors 1,20 %, voire 1,5 % des recettes. « On avait été trop coulant, concède-t-il. Aux détachements accordés par la direction des ressources humaines s'ajoutaient des milliers d'heures obtenues au fil de l'eau dans les différentes unités régionales et locales de l'entreprise. »

Autre creuset de main-d'œuvre pour le syndicat : les caisses mutuelles réparties sur l'ensemble du territoire. Il en existe 106, toutes dirigées par la CGT à une dizaine d'exceptions près. L'activité des caisses est claire : gestion de la mutuelle, traitement des feuilles maladie pour la Sécurité sociale, relais du comité d'entreprise au niveau local (enregistrement des séjours, animations, sorties en cours d'année...). La gestion des effectifs est beaucoup moins nette. À côté des salariés de ces caisses mutuelles qui enregistrent les feuilles de sécurité sociale et effectuent les remboursements, les caisses mutuelles locales disposent d'un certain nombre de « bénévoles » payés par l'entreprise. Ces derniers travaillent pour les SLV, traduire les sections locales de vote. EDF libère du temps à ces salariés pour qu'ils assurent le lien entre le CE et les agents sur le terrain. Ces heures cumulées peuvent aboutir au détachement d'une ou plusieurs personnes. La caisse mutuelle dite « des centraux » (dont dépendent les 12 000 agents d'EDF qui travaillent dans les services centraux) emploie 50 personnes et bénéficie... de 70 postes de détachés à temps plein. L'ancien président de la Caisse, Jean-Michel Renard, reconnaît qu'une bonne partie de ce temps disponible était en fait mis au service de sa fédération CFDT. « Ce système n'est pas sain, reconnaît-il bien volontiers, il faut déconnecter le politique du fonctionnel. Il n'est pas normal que des heures de détachement à finalité sociale soient accordées pour coller des timbres sur des feuilles de sécu ! »

Les caisses mutuelles locales ne fournissent pas seulement des bras à la CGT : elles peuvent également apporter leur soutien financier aux militants. Le syndicat place en effet ses hommes au sein du conseil d'administration de ces caisses. C'est pour lui une bonne façon de leur assurer un statut – avec les avantages qui s'y attachent. Les caisses mutuelles comptent pour la plupart 24 administrateurs, majoritairement cégétistes. Ils sont puisés parmi les troupes syndicales locales, chez les agents EDF actifs ou même les inactifs. Ils peuvent percevoir des frais kilométriques ou d'autres indemnités, bénéficier d'un téléphone portable et de différents menus privilèges. Mais les petits ruisseaux font les grandes rivières. Quand ces administrateurs sont aussi des permanents syndicaux, ces frais déboursés par la caisse mutuelle viennent soulager d'autant le budget syndical...

Le comptable d'une caisse mutuelle de province a mis bout à bout l'« ensemble de ces petites fuites qui en définitive remplissent bien la bassine syndicale », selon son expression. La caisse en question compte 15 administrateurs CGT sur 24. Le bureau est entièrement dévolu à la CGT. Six membres du conseil d'administration, dont un retraité, possèdent un téléphone portable – avec appareil et communications payés par la maison. La lecture de la facture permet de constater que ces téléphones servent principalement à des fins personnelles – le plus gros des heures de télécommunications a lieu le soir et le week-end. Cinq administrateurs bénéficient d'une carte d'autoroute : la caisse prend en charge leurs factures de péage. Les comptes dévoilent également une petite bizarrerie : l'un des administrateurs jouit de frais kilométriques importants, en principe destinés à le dédouaner pour le transport du courrier de l'unité EDF vers la caisse mutuelle. Pourtant la navette-courrier n'a pas été supprimée.

Ces frais, même s'ils sont parfois critiqués, restent officiels. Ce qui l'est moins, ce sont les petites libertés prises par les dirigeants avec les deniers de la Caisse. Ainsi dans le sud-est de la France, cette facture de près de 760 euros pour location d'autocar, intitulée « manifestation », et sur laquelle un petit Post-it a été apposé : « Attendre avant de classer. Ne pourrait-on faire une facture intitulée "déplacement" ou "sortie" ? ». L'autocariste s'est en l'occurrence plié aux exigences de son client : il a réécrit sa facture. Les fournitures administratives glissent volontiers des bureaux de la caisse mutuelle vers ceux du syndicat majoritaire. « Nous utilisons un format de papier très spécifique chez nous pour le traitement des feuilles de soin, témoigne un ancien cégétiste, et pourtant nous commandons de grandes quantité de ramettes d'autres formats... En réalité, je sais bien à quoi servent ces ramettes car je les ai moi-même déjà transportées d'un local à l'autre. »

Par ailleurs, cette caisse locale n'impose pas l'usage d'ordres de mission préalablement aux déplacements. Si bien que les administrateurs qui en éprouvent le besoin commandent simplement leurs billets de train ou d'avion à l'assistante de la caisse, sans plus de justification. La CFE-CGC locale soupçonne qu'une partie des déplacements facturés à la caisse mutuelle concernent en réalité des besoins purement syndicaux, comme ces trajets vers Paris la veille de grandes manifestations.

Le comité d'entreprise n'est pas le seul réservoir de bonnes volontés dans lequel les fédérations syndicales peuvent puiser : les règles d'exercice du droit syndical dans le groupe EDF-GDF libèrent un certain nombre de bras dans les comités mixtes à la production. Il s'agit d'instances de représentation du personnel qui se rapprochent des comités d'établissement du droit commun. À EDF, il en existe quelque 25 196 réparties sur l'ensemble des sites de l'entreprise. Chacune d'entre elles regroupe de 12 à 20 membres selon la taille de l'unité qu'elle représente. Ces comités émettent des avis sur l'organisation et la stratégie de l'entreprise, la gestion du personnel. Dans certains établissements on trouve des sous-commissions. Ce sont au total quelque 1800 représentants du personnel qui participent à cette filière du comité d'entreprise. Ils y consacrent en moyenne quelques heures par mois. Certains cumulards réussiraient ainsi à se dégager à mi-temps pour leurs activités syndicales. Certains mandataires occupent en effet plusieurs sièges. Et pour cause : les sections syndicales ne disposent pas toujours du nombre de militants suffisants pour remplir leur mission. En 2000, la CFDT des études et recherches a même dû faire de la retape pour remplir tous les sièges auxquels elle avait droit. Elle comptait à l'époque 250 adhérents sur les trois établissements de cette unité et devait trouver 200 volontaires. De quoi dérouter les âmes les plus militantes. Au total, ce sont plus de 3 000 personnes qui seraient détachées pour remplir des missions syndicales ou de représentation du personnel. Un chiffre dont EDF ne se vante pas. Malgré plusieurs semaines de recherche, l'entreprise n'est manifestement pas capable de donner un compte plus précis.

7

La cagnotte secrète des manifs des syndicats d'EDF

Jeudi 27 mai 2004. Serrées l'une contre l'autre sur un banc de la place de la Bastille, Maguy et Claudine, deux copines du Nord, mordent dans leurs sandwiches à pleines dents. Les haut-parleurs crachent à l'envi des slogans contre l'ouverture du capital d'EDF : « Sarko, ton plan il est pas beau ! », « Raffarin, le service public sinon rien ! » Elles sont vannées, épuisées. Et le cortège commence à peine à s'ébranler. Il est 11 h 30, le départ est prévu à midi. Les deux Valenciennoises qui travaillent pour la mutuelle d'EDF sont sur la brèche depuis 6 heures ce matin, l'heure de rendez-vous fixée par la CGT. Comme les 4 200 autres Chtis « invités » par la CGT à venir grossir le défilé, elles n'ont rien payé ou presque. La consigne : participation souhaitée, mais non obligatoire. L'essentiel est de faire le plein pour la défense du service public. « Chacun donne en fonction de ses moyens », confie Claudine, évasive. La CGT de la Régie de Grenoble a imposé, elle, des tarifs : de 10 à 45 euros par personne, là encore selon « les possibilités » pour monter dans l'un des deux TGV réservés aller et retour pour Paris.

Georges Bourget, l'un des responsables syndicaux de la Drôme et de l'Ardèche, fait les comptes. Les différentes organisations de la région ont rameuté un millier de personnes. Cela fait plus de deux mois que les militants préparent cette journée. Il a fallu étudier les offres des autocaristes de la région, envoyer les fiches de préinscription dans les différentes unités de l'entreprise pour évaluer l'affluence, négocier avec la SNCF des prix attractifs. Cette fois, les discussions n'étaient pas à l'avantage des organisateurs drômois. La SNCF n'a pas mis de trains spéciaux à disposition des syndicats qui ont donc payé 25 % à 30 % plus cher qu'escompté. Les directions régionales de la SNCF ont préféré réserver leur « matériel roulant » (*sic*) pour le long week-end de Pentecôte qui suit la journée de manifestation.

Au total ce sont plus de 400 autocars, une centaine de trains et quelques places d'avion pour les manifestants de la dernière heure qui ont été réquisitionnés pour cette journée de mobilisation exceptionnelle. Le gros des troupes vient de province. La CGT avait annoncé 80 000 personnes dans les rues de la capitale. Ils étaient finalement un peu plus de 60 000 à marcher de la Bastille aux Invalides, à deux pas de l'Assemblée nationale. Cette démonstration de force n'en reste pas moins très importante. Un succès. Le 27 mai est désormais à inscrire dans l'histoire des grandes mobilisations de l'entreprise.

Pour arriver à une telle participation, l'ardeur militante ne suffit pas. Organiser un rassemblement de cette ampleur sur le pavé parisien coûte entre 700 000 et 1 million d'euros. Le ticket d'entrée n'est pas à la portée de la première organisation syndicale venue. Il faut du savoir-faire et des moyens. Dans les rangs, le gros des troupes pense que c'est la CGT qui règle les factures en puisant dans une cagnotte, généreusement remplie par les cotisations des adhérents, les ventes de tee-shirts, de bobs, de sandwiches et de cannettes.

L'explication est un peu courte, à l'instar de celle donnée par Robert Hue aux juges financiers qui l'interrogeaient sur les sources de financement de son parti pendant le procès du Gifco. L'ancien patron du PCF affirmait alors que c'est l'argent du muguet vendu par les communistes le 1er mai qui faisait bouillir la marmite du Colonel-Fabien.

Pas plus que le muguet, les ventes de tee-shirts ne suffisent à régler la note. Les grandes manifestations chez EDF sont en fait payées indirectement... par EDF.

En plus des 400 millions d'euros perçus pour financer les loisirs des agents et gérer la mutuelle, les syndicats reçoivent depuis 1982 une subvention équivalant à 0,2 % de la valeur de la masse salariale pour couvrir les frais de gestion des instances représentatives en charge des questions économiques. Une belle subvention de 10 millions d'euros par an. Cet argent est normalement destiné à financer les quelque 196 comités mixtes à la production (CMP) répartis dans les différentes unités de l'entreprise. Dans ces commissions siègent en moyenne 14 représentants des salariés et autant de représentants de la direction.

Les CMP sont coiffées par une superstructure : le Conseil supérieur consultatif, une sorte de comité central d'entreprise. Le Conseil supérieur consultatif des comités mixtes à la production, en jargon maison le « CSC des CMP », compte 30 membres et 30 suppléants. C'est lui qui collecte et gère ce trésor de guerre alloué au titre du 0,2 %. Comme tous les organismes sociaux de l'entreprise, cette instance est sous la coupe de la fédération de l'Énergie de la CGT qui rafle, élection après élection, une large majorité des sièges. Les membres ne sont pas élus mais désignés par leur syndicat. Ils peuvent être révoqués du jour au lendemain par leur organisation qui reste propriétaire des mandats. C'est ainsi que lorsque des divisions sont apparues au sein de la CFDT, certains cédétistes ont été purement et simplement limogés par courrier. Ce mode de désignation peu démocratique est contraire aux règles de représentation du personnel. Il donne aux syndicats et en particulier à la CGT un pouvoir total sur la gestion du fonds.

La direction du Conseil supérieur consultatif est d'ailleurs un poste sensible. Il est actuellement confié à René Camporesi, un fidèle lieutenant de la CGT. Pendant plus de dix ans, le poste a été occupé par Olivier Frachon, homme clef de la fédération de l'Énergie.

La manne du 0,2 % ne sert pas seulement à financer une grande manifestation par an. Elle permet aussi de faire vivre en partie les fédérations syndicales et leurs satellites. Plus du tiers des 10 millions d'euros sont consacrés à payer des études diverses et variées : audit des comptes, enquête d'impact des 35 heures ou sur la réorganisation des services ouverts au public. Trois ou quatre sociétés de conseil se partagent ce fromage.

Curieusement, la plupart du temps ces officines sont proches de la CGT, à l'instar du cabinet IED, installé à Montreuil, et principalement animé par des retraités CGT d'EDF.

L'intérêt du 0,2 % ne s'arrête pas là, les fédérations, celle de la CGT en tête, se servent directement dans la caisse pour leurs faux frais. Exemple. En 2000, le Conseil supérieur consultatif a décidé de s'offrir un intranet pour permettre à ses membres de communiquer en réseau. Un budget complémentaire a été voté afin d'acheter des ordinateurs pour équiper les militants. La commande était bien supérieure aux besoins et les appareils supplémentaires ont été distribués dans les fédérations, en fonction de la représentativité de chacune. Les habiles gestionnaires sont alors convenus de renouveler le matériel tous les trois ans.

L'ironie du sort, c'est qu'au moment du vote des lois Auroux les représentants du personnel faisaient grise mine. Le texte du ministre du Travail de François Mitterrand avait l'ambition d'améliorer les conditions d'exercice du droit syndical dans les entreprises. L'une des grandes innovations de sa loi consistait notamment à faire entrer des représentants des salariés dans les conseils d'administration. Une mesure jugée subversive par nombre de patrons. Mais chez EDF et GDF cette règle s'appliquait déjà depuis 1946. Pierre Daurès, qui occupait au début des années 1980 la fonction de patron des ressources humaines du groupe, se souvient de discussions épiques avec une jeune et inflexible directrice du travail nommée Martine Aubry avec laquelle il négociait la transposition des lois Auroux dans l'entreprise. Les intérêts des salariés et des syndicats ont été pour le moins bien défendus puisqu'ils ont pu bénéficier des dispositions les plus avantageuses des lois Auroux sans avoir à concéder aucune contrepartie qui les aurait rapprochés du droit commun.

8

Les « sociétés 30 % ». Une nébuleuse de fournisseurs proches du PCF

Rue du Dessous-des-Berges. Une petite artère discrète du 13e arrondissement de Paris, en bordure du quartier chinois. Au numéro 64, un immeuble de bureaux moderne se perd dans le fouillis architectural du quartier asiatique. C'est là, sur quelques dizaines de mètres carrés, que s'est installé l'un des plus importants fournisseurs du comité d'entreprise d'EDF, Qualitra-CE. La société sélectionne les produits alimentaires pour les 240 restaurants gérés par l'organisme.

Les plaques s'alignent sur la porte du sous-traitant. Nutridata, Imestia, Syrma, Devil... Ces enseignes montrent qu'une dizaine d'autres sociétés de conseil diverses et variées sont domiciliées à la même adresse. Certaines, comme Nutridata, travaillent également pour le comité d'entreprise, d'autres sont en sommeil.

La consultation du registre du commerce apprend que le CE choisit ses partenaires commerciaux selon des critères bien particuliers. Cette kyrielle de sociétés partage les mêmes dirigeants et les mêmes administrateurs, dont la plupart sont proches du Parti communiste français. Des hommes de confiance de l'appareil. Le CE ne bénéficie pas de prix d'amis pour autant. Les marges de ces partenaires commerciaux sont à ce point confortables que, dans l'entreprise, les mauvaises langues les appellent ironiquement les « sociétés 30 % ». Les résultats financiers qu'elles publient au registre du commerce sont pourtant loin d'être mirobolants.

Didier Bordu, ex-élu PCF du nord de la France, Pierre Ringot, ancien membre de la garde rapprochée de Georges Marchais, ou encore Jean Ruscio sont les pivots de cette organisation. Jean Ruscio a pris une dimension particulière au début des années 2000. Directeur général, puis gérant en novembre 2003 de la centrale d'achat alimentaire du CE, Qualitra, il sélectionne les fournisseurs et a la haute main sur un volume d'achat de 250 millions d'euros de denrées crues. Aussi les fabricants choisis par ses soins lui doivent beaucoup. Jean Ruscio leur ouvre les portes des cantines d'EDF et des restaurants des centres de vacances. Entre 6 et 7 millions de repas servis chaque année !

Âgé d'une cinquantaine d'années, cet ancien militant des Jeunesses communistes de l'est de la France a fait ses études de commerce à Nancy. Voilà plus de trente ans qu'il traîne ses guêtres dans le business des collectivités locales et des marchés publics. Il est devenu un spécialiste de la « mise en relation », un intermédiaire professionnel. Un talent qui ne lui a pas toujours réussi. Au début des années 1990, il s'est retrouvé mêlé à l'affaire judiciaire du Gifco.

Au début des années 1990, le Gifco et ses satellites régionaux emploient quelque 600 personnes. Cette nébuleuse d'entreprises est suspectée d'être l'une des pompes à finance du PCF. Les enquêteurs sont persuadés que le Gifco et ses filiales empochent des commissions comprises entre 2 et 4 % sur des marchés pour des prestations fictives ou surfacturées. Les clients du Gifco sont pour la plupart des municipalités communistes, des comités d'entreprise cégétistes ou des grandes entreprises. Les prestations sont multiples (études, conseils, publicité, lobbying...) et les contours mal définis. L'un des anciens membres de ce groupement, aujourd'hui reconverti dans la gestion des ressources humaines, témoigne : « J'ai créé à cette époque une société avec une liste d'administrateurs bidons – des personnes absolument inconnues qui ignoraient tout de l'objet réel de la société – que m'avait fournie le PCF. Il ne fallait aucun élu pour ne pas attirer l'attention. J'ai dû signer des cessions de parts en blanc, afin que le parti puisse récupérer la maîtrise de l'entreprise si jamais je m'éloignais de la ligne... J'avais un salaire officiel de PDG, mais je reversais tout au PC [1]. »

À la même époque, Jean Ruscio dirige une des filiales du Gifco, la Socoef, Société commerciale en équipement et fourniture, un bureau d'études installé à Longwy, en Meurthe-et-Moselle. Cette entreprise est, comme Qualitra, un intermédiaire entre acheteur et vendeur. Mais, à Longwy, Jean Ruscio met son talent au service des collectivités locales et des entreprises du bâtiment. Sa société jouit d'une position stratégique au cœur d'un des bastions communistes français. Elle est en contact avec quelque 140 entrepreneurs de la région.

Le 25 novembre 1992, Jean Ruscio est inculpé. Il passe trois semaines à la prison de Nancy en détention provisoire. Le 27 novembre, *Le Monde*, qui suivait l'affaire Gifco de près, relate : « Quatre dirigeants de la Socoef, un bureau d'études basé à Longwy sont soupçonnés d'avoir établi entre 1988 et 1990 pour plus de 13 millions de francs de fausses factures au bénéfice du parti communiste. MM. Jean Ruscio et Albert Lepère,

---

1. Extrait de l'entretien du 7 juin 2004.

respectivement ancien et actuel directeur de la Socoef, ainsi que MM. Jean-Pierre Vigier et Marcel Mousley, cadres commerciaux, ont été inculpés de faux, d'usage de faux en écritures commerciales, d'abus de biens sociaux et de trafic d'influence. [...] MM. Vigier et Mousley sont deux anciens permanents de l'union locale CGT.

« Selon les enquêteurs, qui étudient le dossier depuis près d'un an et demi, la Socoef a établi, entre le 1er mars 1988 et le 31 décembre 1990, près d'un millier de factures douteuses [...]. Toujours selon les policiers, la Socoef aurait constitué un point de passage obligé entre les mairies lorraines contrôlées par le PCF et quelque 150 entreprises régionales de travaux publics lors de l'attribution de marchés publics. »

Sept ans plus tard, en novembre 1999, Ruscio comparaîtra devant le tribunal correctionnel de Nancy. Il ne fera pas appel d'une condamnation qui au demeurant sera couverte par l'amnistie présidentielle d'août 1995.

En 1997, pris en tenaille par une série de procès, le système s'effondre. La plupart des entreprises qui le constituaient ont été dissoutes. Quelques cadres commerciaux sont condamnés, mais les liens avec le parti communiste ne sont pas établis. Les juges Van Ruymbeck, Vichnievsky, Thiel, Jean-Pierre qui ont eu à se pencher sur le dossier ont pourtant dû avoir la conviction qu'ils existaient. Ainsi Georges Marchais sera mis en examen mais bénéficiera d'une ordonnance de non-lieu. Robert Hue sera même renvoyé en 2000 devant le tribunal correctionnel de Nanterre, mais sera relaxé en 2001. Les hommes, les méthodes, les montages commerciaux des entreprises qui gravitent autour du CE d'EDF ne sont pas sans rappeler ceux de l'ancien Gifco.

Simple coïncidence ? Jean Ruscio s'est installé à quelques dizaines de mètres seulement des locaux qu'occupait le Gifco dans le 13e arrondissement parisien.

Le parcours du dirigeant de Qualitra n'est pas la seule curiosité de l'entreprise. En 2000, lorsque la société devient la centrale d'achat du comité d'entreprise d'EDF, elle ne dispose d'aucune expertise en la matière et compte en tout et pour tout sept salariés, directeur général et président compris. Plus étonnant encore, la société est immatriculée après l'entrée en vigueur du contrat avec le CE. Les premiers mois d'activité de Qualitra virent au cauchemar. Les messageries de la direction générale de la CCAS sont inondées de mails fustigeant les services du nouveau fournisseur. La grogne monte : dans toutes les régions, les chefs de cuisine se plaignent de ce prestataire qui n'arrive pas à remplir ses engagements. Les produits ne sont pas livrés dans les délais. Les erreurs de commande se multiplient, les patrons de restaurants ne bénéficient plus des promotions saisonnières...

La bronca des cuistots aurait de quoi provoquer une rupture de contrat. Pourtant, plutôt que de congédier ce fournisseur défaillant, le CE préfère revoir avec lui les termes de l'accord qui les lie. Qualitra n'est pas en mesure d'acheter ? Qu'à cela ne tienne, il va sélectionner les produits sur lesquels il perçoit une commission.

Qualitra n'est pas la seule entreprise étonnante du comité d'entreprise. Idélia, dont l'incontournable Jean Ruscio a d'ailleurs été l'un des administrateurs jusqu'en 1999, est également un bien étrange partenaire commercial du CE.

Idélia est l'entreprise qui gère « l'espace collectivités » de la Fête de *L'Humanité* : les plus grandes entreprises sont invitées à y louer un stand pour prendre contact avec les représentants des collectivités locales ». Un tel espace de convivialité, destiné à mettre en relation les clients potentiels (des élus communistes pour la plupart) et les entreprises, est assez classique dans le milieu des affaires. Parallèlement, Idélia, spécialisée dans « l'organisation de salons, expositions, séminaires, conférences », est depuis 1997 un des loueurs de voitures officiels du comité d'entreprise d'EDF. Le marché de plusieurs millions d'euros a ainsi été remporté, on l'a vu, par une société qui ne possède aucune flotte de véhicules en propre. Idélia affrète à Hertz les voitures et autres minibus qu'elle loue aux centres de vacances du CE. Malgré ce montage pour le moins compliqué, Idélia se serait toutefois révélé le concurrent le plus compétitif. Une performance avec de tels handicaps de départ.

Alain Morel, l'administrateur Force ouvrière en charge des appels d'offres pour les marchés du CE d'un montant supérieur à 180 000 euros, a géré le renouvellement du contrat en 2003. Il assure qu'à cette époque Idélia a fait l'offre la plus intéressante au CE. Le président de la commission des appels d'offres ne cache pas qu'il a été surpris en découvrant dans la presse le pedigree exact du fournisseur qu'il a retenu. « Je ne savais pas que cette entreprise installée à Montreuil est dirigée par l'ancien directeur de cabinet du maire PCF de la ville », précise-t-il gêné.

Pourtant, il justifie l'opération : « Nous avions lancé un appel d'offres très large mais trois entreprises seulement ont répondu. L'une d'elles a été éliminée d'office car elle n'avait pas correctement rempli le dossier de candidature. Il ne restait plus en lice qu'Idélia et Europcar. Europcar était peut-être un petit peu moins cher.

Mais il ne garantissait ses tarifs qu'une seule saison, or nous voulions un engagement ferme sur deux ans. » Selon Alain Morel, cette offre aux tarifs élevés se justifie par des contraintes liées aux spécificités du contrat. Les centres de vacances emploient de jeunes animateurs, qui sont souvent âgés de moins de 21 ans, et ont parfois moins de deux ans d'ancienneté de permis de conduire. L'assurance de ces jeunes conducteurs aurait fait grimper les prix. Les administrateurs CGC et CFDT disposent pourtant d'études comparatives de prix sur le contrat conclu en 1997 qui montrent qu'Idélia ressort 30 % plus cher qu'Europcar [1].

Les liens apparemment existants entre le comité d'entreprise et les sociétés amies du PCF sont anciens. Le BERIM, Bureau d'études et de recherche de l'industrie moderne, est un des partenaires historiques du comité d'entreprise. Il puise ses racines dans l'histoire du mouvement communiste français. Fondé par Raymond Aubrac en 1948, avec quelques amis communistes, il avait l'ambition d'être l'expert des collectivités « progressistes » et des pays en développement du bloc soviétique. Aujourd'hui, le BERIM, situé à Pantin, a conservé des liens avec ses origines ouvrières. Vitrolles, Vénissieux, Douai... ses antennes régionales sont toutes situées dans d'anciens bastions rouges. Le bureau dispose encore d'un portefeuille de clients particulièrement remplis dans les collectivités communistes. Il est régulièrement sollicité par le CE ou les caisses mutuelles d'EDF-GDF pour la réalisation d'enquêtes sur les questions d'organisation, de qualité des séjours...

Ces fournisseurs proches du PCF et de la CGT interviennent dans tous les secteurs d'activité. Ainsi, Touristra, ou plus exactement Sodistour, appartient à une

1. Voir l'annexe 5.

holding détenue majoritairement par des proches du parti, Daniel Mandelbaum et son épouse. Touristra est une marque commerciale, vestige de l'ancienne agence de tourisme social de la CGT, Tourisme et Travail, qui a fait faillite à la fin des années 1980 ; Sodistour a été créée pour consolider les actifs de la CGT dans le tourisme. Daniel Mandelbaum est par ailleurs administrateur de Cifal, spécialisée dans « l'accompagnement d'entreprises en Russie, Caucase et Asie centrale ». Le CE d'EDF est l'un de ses plus gros clients. Il achète à Touristra des séjours à l'étranger, des lits dans des centres de vacances et des prestations de billetterie.

Le partenariat avec le groupe de Mandelbaum s'est encore renforcé à la fin des années 1990. À cette époque le CE a en effet décidé de vendre certains de ses villages de vacances à des sociétés civiles immobilières (SCI). Le CE devenait alors actionnaire de ces SCI. Une occasion de faire entrer des partenaires commerciaux et de l'argent frais pour rénover et entretenir le patrimoine immobilier du CE. L'initiative est d'autant plus judicieuse que c'est l'occasion d'ouvrir ces centres de vacances à un public plus large. Lorsque l'organisme est l'unique propriétaire, il ne peut faire de prospection commerciale afin de ne pas créer de concurrence déloyale pour les professionnels du tourisme privé. Or, parmi les partenaires choisis pour monter ce type d'opération, on retrouve souvent Sodistour qui perçoit au passage une commission en tant que régisseur des SCI.

Depuis des semaines les enquêteurs préparaient cette opération. Elle n'a d'ailleurs surpris personne. Le 29 mars 2004, au lendemain du deuxième tour des élections régionales, le directeur du journal et le parti communiste savaient déjà qu'ils étaient dans le colimateur de la justice. Gilles Gaetner, journaliste d'investigation, révélait dans *L'Express* de larges extraits de la note de synthèse réalisée par les policiers à l'issue de l'enquête préliminaire. Dans un dossier intitulé « EDF, craquements dans la caisse », il écrivait : « C'est en tout cas ce qui ressort de l'enquête de la PJ remise au Parquet de Paris, écrit ce spécialiste des affaires financières. Prenez les 95 000 francs censés régler, en 2001, une intervention vidéo dans les centres de vacances... Eh bien, ils correspondent en réalité à la retransmission vidéo de la grande scène de la Fête de *L'Huma*. Prenez encore les 26 800 euros destinés à honorer les 20 ans de l'Institut d'histoire sociale proche de la CGT. Cette somme servira à régler les frais de sonorisation de la campagne présidentielle du candidat du PC, Robert Hue. Parfois la CCAS néglige de recourir à de faux libellés pour financer au grand jour des associations proches du PC. L'ASTS (association à vocation scientifique) en sait quelque chose : elle reçoit chaque année un pactole de 600 000 euros. » Près d'un mois après la parution de l'article, le mandataire financier de Robert Hue, Roland Jacquet, s'excusant presque de répondre si tard « compte tenu des événements électoraux récents », a envoyé un droit de réponse à Denis Jeambar, directeur de publication du magazine. Dans son courrier, il explique que les comptes du candidat Robert Hue ont été certifiés. Il dément avoir reçu de l'argent de la CCAS. La justice devra trancher.

Le mardi 6 juillet 2004, le juge Jean-Marie d'Huy a fait une descente dans les locaux du journal *L'Humanité*.

Ce mardi 6 juillet, le juge, avec la brigade financière et la brigade des fraudes aux technologies de l'information, est arrivé dès 8 h 30 dans les locaux de la société Comédiance située à Saint-Denis au premier étage du célèbre journal apparenté au parti communiste. Ce prestataire, régie publicitaire de *L'Humanité*, est en effet un prestataire clef de la CCAS. Les enquêteurs ont passé plus de huit heures à inspecter dossiers et ordinateurs.

Comédiance les intéresse à plus d'un titre. Il s'agit d'un fournisseur régulier du CE d'EDF. La société gère principalement les annonces et la publicité du quotidien. Elle offre également ses services à d'autres clients, dont la CCAS. Elle a notamment vendu de l'espace publicitaire lors de manifestations ou d'événements organisés par le CE d'EDF. Comédiance a également facturé à la CCAS la location de stands lors de la Fête de *L'Humanité*. Une facture d'un montant de 9 807,20 euros, établie en 2002, les intéresse particulièrement. Les enquêteurs ont recueilli des témoignages qui mettent en doute la réalité de cette prestation.

Chaque année, les copains de la CCAS et plus largement d'EDF viennent prêter main forte aux camarades au début du mois de septembre pour monter les tentes, installer les tréteaux et assurer le service d'ordre. Des petits coups de main. Par ailleurs, dans les maisons de vacances, on raconte volontiers que la dernière commande du mois d'août est souvent étonnamment abondante alors que les établissements sont sur le point de fermer. « Un jour, raconte le responsable d'un camps de vacances, j'ai reçu une cargaison de glacières quelques jours seulement avant la fin de la saison. J'ai compris ensuite que cette livraison était en fait destinée à la Fête de *L'Humanité*. »

Initiative personnelle d'un salarié ou système ? Les policiers sont justement allés chercher dans les comptes de Comédiance des éléments permettant de confirmer ou d'infirmer ces allégations. Le juge s'est également rendu dans les bureaux du journal. Il s'interroge en effet sur certains partenariats entre le titre et le CE d'EDF, et notamment le désormais célèbre CD de Sergent Garcia, *Stop da war*.

Cette opération de police avait des airs de déjà-vu. Le 24 juin 1996, deux autres juges, Renaud Van Ruymbeck et Laurence Vichnievsky, avaient déjà investi la régie publicitaire de *L'Humanité*. Ils travaillaient alors sur le dossier Gifco et l'agence s'appelait ACP (Agence centrale de publicité).

Comédiance est en effet – comme d'autres sous-traitants du CE d'EDF – une émanation des anciennes entreprises impliquées dans les affaires judiciaires autour des soupçons de financement occultes du parti communiste. Les liens n'ont jamais été établis mais la plupart des sociétés alors suspectées ont fait peau neuve et ont reparu sous d'autres raisons sociales. Certaines travaillent aujourd'hui avec la CCAS. Pour l'instant, l'enquête ne permet pas à la justice d'aller plus loin. Mais des magistrats n'ont pas digéré le fiasco judiciaire de l'affaire Gifco. « Malgré quarante-deux ans d'enquête [1], s'amuse à répéter Olivier Metzner, brillant pénaliste, avocat dans le dossier GIFCO, les liens de ces entreprises avec le PCF n'ont jamais été démontrés. »

Ce mardi 6 juillet, les policiers se sont également rendus au siège de la CGT à Montreuil. « Pour visiter Audience Créative, une filiale de Comédiance, s'est empressé de préciser à l'Agence France Presse le secrétaire confédéral Jean-Christophe Le Duigou. Il ne s'agit en rien d'investigations liées à notre activité syndicale. »

1. Si on met bout à bout toutes les procédures conduites devant les différentes juridictions françaises.

À l'intérieur de l'appareil CGT, nombre de dirigeants considèrent que le CE est une entreprise militante et que tous ses choix sont politiques. Le recours à des entreprises issues ou proches de la CGT ou du parti communiste n'a rien de contre nature. Force est de constater que le CE fait tourner beaucoup d'entreprises de la galaxie communiste. À l'heure où le nombre de collectivités communistes se réduit élection après élection, le chiffre d'affaires réalisé avec le CE est une bouffée d'oxygène pour ces officines. Les enquêteurs veulent savoir si ces sociétés réalisent de réelles prestations au profit de la CCAS ou si elles ne servent qu'à empocher à chaque intervention de confortables commissions pour des tiers. La question clef de cette affaire reste de savoir si ces choix commerciaux et politiques se font ou non au détriment des agents d'EDF.

9

La gestion calamiteuse des assurances

« Les agents EDF, des nantis ? Vous plaisantez ! J'ai été obligé de prendre une assurance privée pour couvrir mes dépenses de santé », explique Marc, salarié d'EDF dans la région parisienne. Avec deux enfants scolarisés, ce jeune cadre n'a pas du tout le sentiment d'appartenir à une caste de privilégiés. Ses proches le regardent pourtant comme « le nabab de service ». S'ils savaient ! Marc s'inquiète de plus en plus pour les frais de santé de sa petite famille : « Je n'ai pas de bol, mes deux enfants ont besoin de lunettes et l'optique est très mal remboursée par la mutuelle d'EDF-GDF. Et avec ce que me coûtent mes couronnes dentaires, je vais bientôt les faire assurer », ricane-t-il mi-figue mi-raisin. Sa dernière molaire défaillante lui a en effet laissé un très mauvais souvenir. Il a fait un chèque de 609,80 euros à son dentiste mais n'a récupéré que 274,13 euros. Perte sèche : 335,67 euros. Comme quelque 15 000 autres agents EDF-GDF, il s'est résolu à contracter en avril 2004 une assurance sur-complémentaire qu'il paye autour de 30 euros par mois alors qu'EDF lui prélève déjà directement 60 euros de cotisations pour la mutuelle entreprise.

Son amertume est bien légitime. Une récente étude commandée par la branche des industries électriques et gazières a comparé les prestations de la mutuelle maison avec plusieurs autres entreprises telles que Air France, France Telecom ou la Société générale [1]. Pour une prothèse dentaire d'une valeur de 550 euros remboursée par la Sécurité sociale, la complémentaire d'EDF verse 225,70 euros aux agents, la mutuelle d'Air France 386,92 euros, celle de la Société générale 322,44 et celle de la Snecma 397,67. Vous avez dit nantis ?

La grosse enveloppe de 400 millions d'euros perçue chaque année par le CE pour financer les loisirs des électriciens et la gestion de leur complémentaire santé ne permet même pas d'offrir une mutuelle digne de ce nom aux agents. Un comble. La mutuelle, à EDF-GDF, est obligatoire. Pour faire simple, il s'agit d'une complémentaire santé qui selon la loi ne peut prendre en charge que les frais déjà remboursés par la Sécurité sociale. Le montant de la cotisation est décidé par le ministère des Finances et fixé par décret.

Qui a la haute main sur la gestion du système de santé à la CCAS ? La CGT. Le comité de coordination censé, comme son nom l'indique, coordonner les 106 caisses de mutuelles réparties sur tout le territoire. Chacune d'entre elles dispose d'un conseil d'administration élu. Là aussi la CGT rafle une large majorité des suffrages. Le comité de coordination au niveau national compte 30 membres, dont 18 CGT. La direction, qui paye pourtant 50 % des cotisations, n'est pas représentée. Erreurs politiques, frais de fonctionnement disproportionnés, effectifs pléthoriques, : le syndicat va devoir rendre des comptes.

1. Voir l'annexe 5.

La grogne monte dans les rangs des électriciens et des gaziers. Le site Internet du comité d'entreprise regorge de plaintes d'agents mécontents. La colère est d'autant plus grande que les agents se sont vu ponctionner d'une cotisation exceptionnelle de 0,6 % (dont 0,3 % à la charge de l'entreprise) entre juin 2003 et juin 2004 pour sauver le régime.

La gestion calamiteuse du 1 % a conduit la mutuelle au bord du gouffre. Et il ne s'agit pas d'une formule. En juin 2003, les gestionnaires ont même été pris de vertige. Les banquiers de Natexis ont tapé du poing sur la table. Ils ont menacé de supprimer les autorisations de découvert si le compte n'était pas renfloué dare-dare. Il a fallu mettre en place un plan Orsec : majoration des cotisations, prêts de 6 millions d'euros par la branche loisirs du CE et de 3 millions d'euros par EDF. Faute de quoi, le régime aurait tout simplement fait faillite.

Pourtant, en 2001, les organisations syndicales avaient déjà mis en place une plate-forme pour le sauver. La CCAS s'était engagée à améliorer les prestations et à réaliser 15 millions d'euros d'économie au cours des cinq années suivantes. En échange de ces promesses d'efforts de gestion, la direction avait injecté 15 millions d'euros dans les caisses. Malgré l'amélioration de certaines pratiques, le traitement a eu autant d'effet qu'un cataplasme sur une jambe de bois. C'est le système dans son ensemble qu'il faut remettre à plat. Mais la CGT s'y oppose.

« Cela fait des lustres que l'on aligne les propositions, mais rien n'y fait, soupire Jean-Michel Renard, délégué fédéral à la CFDT, en brandissant les tracts rédigés année après année par son syndicat pour annoncer la faillite imminente. Il faut revoir la logique de répartition des charges. Les inactifs contribuent à hauteur de 25 % des recettes et consomment 53 % des dépenses. La CGT continue de faire comme si tout pouvait encore s'améliorer. » Son collègue Pierre Ducrocq renchérit : « Cette crise sanctionne surtout le manque de professionnalisme du personnel recruté largement sur des critères syndicaux et politiques. »

Dans l'interview qu'il donne en mai 2004 sur le site internet du comité d'entreprise pour rassurer les agents, le patron de la mutuelle, Patrick Decarlis, président du comité de coordination, entend améliorer des prestations qu'il juge lui-même insuffisantes. Mais les solutions restent floues. Seul engagement clair : demander à EDF de remettre une nouvelle fois la main à la poche. « La loi, déclare-t-il, permet aux employeurs d'aller au-delà du minimum des 50 % actuels, jusqu'à 70 % du financement de la complémentaire santé. Il y a donc des champs revendicatifs à explorer. »

Un audit explosif remis discrètement aux organisations syndicales en avril 2004 montre bien qu'une nouvelle sollicitation des employeurs ne suffira pas. Ce document, réalisé par le cabinet Mazars, est très sévère sur la gestion de l'organisme : « Les outils dont dispose le comité de coordination permettent difficilement un pilotage détaillé », peut-on lire dans la conclusion. Traduction : le comité de coordination n'a pas les moyens d'exercer un réel contrôle sur ses 106 caisses de mutuelles. Les auditeurs du cabinet Mazars s'étonnent en outre que le comité n'ait pas pu justifier l'étonnante répartition du 1 % dans les caisses locales qui consacrent 70 % de leur budget à la gestion de la Sécu et de la mutuelle et 30 % à celle des activités de loisirs décentralisées du CE. Pis, les fonds propres de la mutuelle n'atteignent pas 8 millions de francs une fois provisionné dans les comptes le paiement des salaires des agents en longue maladie, des congés payés et des prestations tardives. Les experts du cabinet Mazars ont découvert que les comptables de la mutuelle avaient allègrement oublié cette règle comptable de base. La réserve financière serait trop faible pour couvrir un incident financier ou une grosse épidémie. Les ratios minima de la profession sont six fois plus importants. Les auditeurs s'inquiètent également des coûts de gestion du régime complémentaire qui frisent les 36 millions d'euros. Une somme qu'ils comprennent d'autant moins que de nombreuses charges sont directement réglées par EDF : les agents locaux des caisses de mutuelles sont mis gratuitement à disposition par l'entreprise, une bonne partie des « bénévoles » qui y travaillent aussi. La moitié des caisses de mutuelles disposent de commissaires aux comptes. Leurs observations sont pour le moins alarmantes : absence de procédure sur les achats, manque de clarté dans les comptes des activités de loisirs, dispendieux sponsorings de clubs sportifs, frais de déplacements sans ordre de mission et non justifiés, prêts d'honneur non recouvrés... Autant de pratiques qui favorisent l'opacité des comptes.

En général, les dirigeants des mutuelles locales n'aiment pas montrer leurs factures. Seules 50 % des caisses ont ouvert leurs livres au cabinet d'audit. Les autres n'ont tout simplement pas donné suite aux demandes des analystes. « Certaines n'ont pas souhaité répondre faute de moyens ou de compétences. D'autres n'ont tout simplement pas respecté les délais », commentent les rapporteurs.

L'amateurisme avec lequel est gérée la mutuelle des électriciens et gaziers est déconcertant. La situation démographique de la population des agents à assurer nécessiterait pourtant un réglage de haute précision. La mutuelle s'occupe en effet des comptes de 588 475 personnes, dont 297 799 assurés, 84 548 conjoints et 206 128 enfants. Mais elle doit faire face à un vieillissement des bénéficiaires. Or, avec l'âge, les dépenses de santé croissent inévitablement. Les électriciens et gaziers n'échappent pas à cette loi d'airain : en 2004, la dépense moyenne annuelle d'un agent de 20 ans est de 117 euros, celle d'un cadre de 40 ans s'élève à 296 euros, celle d'un retraité de 65 ans à 531 euros et celle d'un retraité de 75 ans à 654 euros. La part des « inactifs » – c'est-à-dire des retraités, dans le langage EDF – est déjà supérieure à celle des actifs puisqu'ils représentent 50,4 % des assurés. Au cours de l'année 2003-2004, les actifs ont mis 159,1 millions d'euros au pot et en ont consommé 94,2 millions, tandis que les inactifs ont payé 63,1 millions d'euros pour en dépenser 106. Dans dix ans, pour un nombre quasi équivalent de cotisants, le régime complémentaire comptera quelque 25 000 seniors supplémentaires. Une véritable catastrophe pour la mutuelle dont les retraités payent des cotisations deux fois plus faibles que les autres assurés.

Cette répartition est une survivance des acquis de l'immédiate après-guerre. La plupart des agents EDF arrêtaient alors leur carrière avec une pension d'un montant à peine supérieur au minimum vieillesse garanti. Le geste de solidarité à l'égard des aînés était alors parfaitement justifié car leurs conditions de travail dans les centrales à charbon avaient été difficiles et leur espérance de vie limitée. À leur décès, les ouvriers laissaient des épouses qui n'avaient jamais travaillé et ne disposaient pour vivre que de leur pension de réversion. Les temps ont changé et cette solidarité entre les générations n'a plus de raison d'être. Bien au contraire : le revenu moyen des jeunes retraités (entre 61 ans et 65 ans) qui s'élève à 23 442 euros est équivalent à quelques euros près à celui des 26-30 ans. Si la participation des anciens était alignée sur celle de leurs cadets, la cotisation pour un retraité qui perçoit 20 000 euros de revenus annuels serait de 27,6 euros par mois. Autre bizarrerie dans le financement : les cotisations sont plafonnées. Elles n'augmentent plus au-dessus de 3 837 euros de salaire mensuel, soit 1,55 fois le plafond de la Sécurité sociale. La morale de cette gestion vire à l'absurde : pour tirer le meilleur parti de la mutuelle concoctée par le CE, mieux vaut être riche, malade et vieux.

Côté assurances individuelles (habitation, automobile, prévoyance...), les électriciens et gaziers ne sont guère mieux lotis. Là encore, la gestion sans partage par le CE et ses administrateurs cégétistes a fait des ravages. Les quelque 500 000 contrats des agents ont été confiés au sortir de la guerre à un courtier de confiance : Faugères et Jutheau. Raymond Jutheau, l'un des deux associés, avait connu Marcel Paul en camp de concentration.

Depuis maintenant plus de cinquante ans, le cabinet bichonne les contrats des électriciens ? Une légende. Leurs intérêts sont en fait aux mains d'un puissant groupe américain, Marsh McLennan Companies (MMC), l'un des leaders mondiaux de l'assurance. Faugères et Jutheau n'est plus qu'une marque conservée pour EDF-GDF. Le courtier a fusionné avec MMC en 1997 pour donner naissance à la filiale Marsh Services.

Pendant des années, les produits proposés au personnel d'EDF et de GDF furent de très bon niveau : « Nous avions des contrats multirisques habitation extrêmement complets, relève André Melly, porte-parole de Marsh, qui allaient jusqu'à rembourser le vol du vélo dans le garage, la détérioration d'appareils ménagers et la lunette des toilettes lorsqu'elle était fendillée. » Des contrats comme les assureurs ne savent plus et ne peuvent plus en faire. À ce titre, le groupe Azur qui avait remporté le marché EDF-GDF, a dénoncé son contrat à la fin de l'année 2003. La compagnie a expliqué à son client qu'elle perdait trop d'argent avec ce portefeuille compliqué. Fort dépités, le CE et Marsh ont dû trouver en catastrophe un nouvel assureur. Axa a relevé le défi et... les primes d'assurance maison et voiture de 19 %. Comme une mauvaise nouvelle n'arrive jamais seule, les agents ont en outre appris que plusieurs garanties avaient disparu de leur police d'assurance. Pour les conserver, ils doivent désormais prendre une option payante.

Les contrats automobiles sont également menacés. Dans un souci d'égalité cher à la CGT, le CE exige que les primes soient les mêmes pour tous les agents, qu'ils habitent dans les environs de Guéret ou à Saint-Germain-des-Prés. Le risque n'est pourtant pas le même sur les routes de Corrèze et dans les rues survoltées de la capitale. Du coup, le produit proposé aux électriciens est mal conçu : trop cher pour les as du volant et pas assez pour les mauvais. « En caricaturant à peine, confie l'un des courtiers de Marsh, les dangers publics qui coûtent très cher restent chez nous tandis que les bons filent à la concurrence qui leur aligne des tarifs beaucoup plus avantageux que les nôtres. »

Rien ne va plus entre Marsh et son important client depuis le mois de janvier 2004. La firme américaine estime que les clients d'EDF lui coûtent plus qu'ils ne lui rapportent. La clientèle est exigeante et difficile.

« Quand on passe dix minutes avec un client lambda, il faut consacrer le double, voire le triple à un agent d'EDF », se lamente-t-on chez Marsh. Le CE a quant à lui pris la décision de se passer de courtier et de gérer son portefeuille en direct... pour faire des économies.

Mais les anciens compères ne vont pas se quitter aussi vite. La justice entend bien leur demander des explications sur la vente de Socassur, courtier spécialisé dans le risque des collectivités locales. Marsh a racheté le portefeuille de cette société réputée proche du PCF et repris la petite dizaine de salariés qu'elle employait, peu après avoir mis la main sur les quelque 500 000 contrats d'EDF-GDF. À l'époque, Socassur n'avait rien d'une jeune pousse prometteuse et Marsh n'est d'ailleurs pas parvenu à en tirer beaucoup de profit. La justice soupçonne le CE d'EDF d'avoir fait des « pressions » sur Marsh pour qu'il reprenne cette « entreprise amie » en difficulté.

Chez Marsh, on justifie l'acquisition de Socassur, à un prix « raisonnable » – mais toujours confidentiel –, par le contexte économique de l'époque : dans un environnement fraîchement mondialisé, les assureurs américains étaient prêts à tout pour conquérir des parts de marché sur le Vieux Continent. Leur objectif était de doubler le chiffre d'affaires de Marsh Europe en trois ans. Pour cela, il leur fallait mettre la main sur les courtiers les mieux implantés dans leur domaine commercial.

La société Socassur, renflouée par la vente de son portefeuille de clients, a choisi de mettre son capital au service d'un créneau plus porteur. Dirigée par Didier Bordu, un ancien élu communiste du Nord, elle s'est rebaptisée Syrma et est entrée au capital de Qualitra, la centrale d'achats alimentaires du CE d'EDF. Les vieux amis ne se perdent jamais de vue.

10

La « Kulture » CCAS

Chère ! Très chère la partie. Le tournoi d'échecs organisé en 2003 a mis le feu aux poudres entre les administrateurs CGT et les représentants des autres syndicats. Cette compétition organisée par le comité d'entreprise d'EDF est revenue à plus de 900 000 euros. Le budget pourtant confortable de 600 000 euros voté par le conseil d'administration a été dépassé de plus de 50 %. L'administrateur CGC est monté au créneau contre cette envolée des dépenses : « Sur les 686 joueurs qui ont participé à cet événement, raconte Patrick Cuffet, il n'y que avait 150 agents EDF. Le coup de cette manifestation est de 8 750 euros par salarié concerné ! C'est une véritable gabegie alors que nous devons faire des économies pour améliorer nos prestations qui sont vieillissantes. » Ce tournoi d'échecs illustre la folie des grandeurs qui gagne parfois les administrateurs CGT, soumis à peu de contrôle. « Nous n'avons reçu aucune explication plausible qui justifierait cette explosion du budget », estime Patrick Cuffet. L'organisation de cette compétition à la CCAS est l'œuvre de Pascal Lazarre, le très actif promoteur de la culture au sein du comité d'entreprise. Cet administrateur CGT a quitté son poste en 2004 pour rejoindre le conseil d'administration de l'Iforep, association de formation qui dépend de la CCAS.

Le tournoi d'échecs a été créé en 1994 pour fêter les trente ans de la CCAS. La première année, il s'agissait de rencontres internes à l'entreprise. Puis rapidement est née l'idée d'une semaine au Cap-d'Agde avec la participation de grands maîtres. La plupart des dix meilleurs joueurs mondiaux sont venus réaliser une ou plusieurs démonstrations dans le village de vacances des électriciens. Karpov, le géant soviétique, a fait le déplacement dans le Midi de la France. Seul Kasparov, son ennemi juré, n'a jamais été invité. La participation des stars coûte cher et a rapidement plombé les comptes de l'opération.

Les principales fédérations françaises d'échecs ont contribué à la mise en place de la semaine du Cap-d'Agde et la rencontre s'est hissée au niveau des rendez-vous du championnat du monde des parties rapides. « C'est un endroit unique, reconnaît Jean-François Seret, champion français et agent EDF, vous assistez à des parties de quarante-cinq minutes attractives pour le public et, sur des écrans géants, vous pouvez suivre les grands maîtres en action. » Les agents peuvent également participer puisque les caisses mutuelles et centres d'activités sociales organisent des éliminatoires avant la rencontre. À l'issue du tournoi, l'hébergement sur place est offert aux meilleurs joueurs. « Pourquoi les électriciens et gaziers ne pourraient-ils pas côtoyer les plus grands maîtres mondiaux ? » interroge, un brin provocateur, un administrateur cégétiste. Les critiques ont pourtant visé juste. La commission Culture a été dessaisie du dossier au profit de celle en charge des activités sportives, avec un nouveau mot d'ordre : revoir les ambitions à la baisse.

À Cannes, le comité d'entreprise n'a pas lésiné sur les moyens non plus. La CCAS s'est implantée de 1998 à 2000 au cœur même du festival. Elle a vu les choses en grand et a loué une bonne partie de l'espace Pantiero, l'un des lieux les plus en vue – à la sortie du palais des Festivals, en bord de mer. La caisse organise un véritable festival dans le festival : construction d'une scène pour accueillir les artistes, climatisation de l'espace, buffets abondants...

Comme pour la finale d'échecs, la critique principale ne porte pas sur le contenu de la manifestation, mais sur son accessibilité aux bénéficiaires du CE, les électriciens et gaziers. « On n'a quasiment vu aucun agent, fustige un administrateur de la caisse mutuelle de Nice. Et pour cause, poursuit-il, moqueur : les responsables des "SLV" [1] servaient de chauffeur aux VIP invitées par la CCAS, si bien qu'ils n'ont pas pu informer les agents ni de l'événement ni du programme. » À la fin de ces premières festivités cannoises, le représentant CFE-CGC de la commission culture décide de marquer le coup, et se fend d'un courrier à Jean Lavielle, alors président de la CCAS : « Un nombre très important des électriciens et gaziers se déclarent déçus voire choqués de ne pouvoir participer au moment culturel de la vie cannoise... », écrit-il en mai 1998.

En revanche, les heureux invités s'en souviennent. C'est le cas de quelques apparatchiks de la CCAS. Claude, cadre d'une caisse mutuelle du midi de la France, a séjourné à Cannes avec sa famille. Il était l'invité du comité d'entreprise. « Je ne suis resté que deux jours, souligne-t-il. Mais j'aurais pu y passer toute la semaine. » Il se souvient encore avec émotion du

1. Les « sections locales de vote », c'est-à-dire les relais du comité d'entreprise dans les différentes unités d'EDF.

banquet de clôture. Il a pu y croiser des invités de marque tels que Robert Hue.

Les agapes cannoises n'ont toutefois duré que quelques années. Trop ostentatoires. La facture s'élevait à plus de 500 000 euros minimum chaque année, d'après les chiffres de la CFE-CGC. Après trois saisons passées au cœur du Festival, le comité d'entreprise des électriciens et gaziers s'est retranché à l'écart des paillettes de la côte au château de La Napoule – dans une belle bâtisse fraîchement rénovée pour l'occasion. Mille six cents personnes ont assisté aux projections de l'édition 2004, selon le magazine édité par la Caisse centrale *CCASinfo*. « *Visions sociales* restera marqué cette année par la convergence de sa programmation et des luttes sur la Croisette », relate le journal maison en page « Actualités ». Les défilés des intermittents, des employés du Carlton et des agents EDF-GDF auront ponctué cette 57e édition. « "Notre vision sociale se heurte de façon frontale à la conception capitaliste du monde", déclare Fiore D'Ascoli, président de la commission culturelle de la CCAS lors de son discours inaugural. » L'article poursuit : « Présent lors du débat de clôture, "Nord, Sud, les mêmes droits", Charly Carpy [1], président de l'association d'énergéticiens Cien Fuegos, a lancé un vibrant appel aux démocrates. Il a demandé que partout en Europe s'organise la protestation contre le nouveau diktat de l'administration de George W. Bush contre le peuple cubain [...] ».

Ce petit bout de littérature du comité d'entreprise en dit long sur l'état d'esprit des organisateurs. La CCAS consacre la bagatelle de 15 millions d'euros par an pour ses événements culturels. Une belle enveloppe, qui sert une vision souvent politique de la culture. Le comité

1. Administrateur de la CMCAS de Nice.

d'entreprise veut mettre en avant des spectacles qui « donnent à réfléchir sur la société », selon l'expression du président CGT de la commission culture. Il fait par exemple tourner dans ses centres de vacances une troupe de théâtre née de la dernière vague de licenciements dans le secteur textile, explique-t-il. Jusque-là, les syndicats, même minoritaires, gestionnaires du CE, adhèrent. Mais la programmation fait toujours la part trop belle aux œuvres traitant de la résistance (communiste), ou mettant en avant les derniers bastions communistes mondiaux comme Cuba et le Viêtnam. Certes, ces gestes ne sont pas illégaux : un comité d'entreprise peut financer des œuvres sociales. Mais l'idéologie politique sous-tend toutes les actions du CE, qui devrait pourtant s'adresser à l'ensemble des salariés quelles que soient leurs opinions personnelles. Car le comité d'entreprise d'EDF est le plus gros diffuseur de spectacles en France. Il fait tourner des artistes, finance des projets créatifs, participe à des festivals... sans objectif en terme de nombre de spectateurs. C'est une entreprise particulière, qui n'a pas de soucis de rentabilité. Plusieurs dizaines de spectacles sont sélectionnés chaque été pour faire le tour des centres de vacances, sans que la commission culture dispose de critères d'appréciation rationnels. La CCAS ne sait pas combien de personnes sont venues à ses tournées. Elle y consacre pourtant près de 1,2 million d'euros.

Le comité d'entreprise investit également dans l'aide à la création et le soutien de jeunes artistes. Chaque trimestre, la commission donne son aval pour 5 à 6 projets, qu'elle pourra « héberger » dans ses sites et subventionner jusqu'à 9 000 euros. Exemple pour la saison 2004 : l'écrivain haïtien Gary Victor bénéficie d'un subside de 2 500 euros et est accueilli pendant tout l'été dans un centre de vacances en Bretagne, où il pourra « dialoguer avec les vacanciers ».

La CCAS a globalement une idée élitiste de son action culturelle. « Pascal Lazarre a une vision très élevée de la culture. Il vole à 10 000 mètres d'altitude, nous laissant parfois au ras du sol », plaisante Alain Morel, administrateur FO de la caisse. Son syndicat n'est pourtant pas le plus critique à l'égard de la politique du comité d'entreprise, loin s'en faut. La lecture du programme des « rencontres culturelles 2004 » laisse effectivement entrevoir une programmation ambitieuse. « Rassembler les agents en vacances autour de tels spectacles, ce n'est pas toujours évident », raconte un membre de la commission Culture. De façon récurrente, les membres de cette commission s'interrogent sur la meilleure façon d'associer le « porteur » (le vacancier) au « projet » (culturel), dans le jargon maison, et de réconcilier détente et culture... La tâche n'est pas toujours aisée. « On ne baisse pas la garde sur l'exigence de sens », explique le président de la commission Culture, Fiore D'Ascoli. Même lorsqu'il participe à des manifestations populaires et reconnues, comme les Francofolies, le festival d'Uzès, etc., le CE ne fait pas le plein. Seuls 50 forfaits (3 spectacles) et 150 places à tarif réduit ont par exemple été distribués aux électriciens pour le dernier Printemps de Bourges.

Les projets du comité d'entreprise peuvent aussi être grandioses. En 2002, la CCAS s'est lancée dans l'organisation du premier opéra mondial en langue arabe, baptisé l'« Opéra de la paix ». Le projet n'a pas encore abouti. Mais, là encore, les syndicats minoritaires, CFE-CGC en tête, pointent du doigt non pas la qualité du spectacle, mais sa dimension politique. « La commission culture est, avec la commission International, qui est dirigée par le président du CE en personne, la commission la plus stratégique pour la CGT », analyse Patrick Cuffet, administrateur du CE.

Le parti pris par la commission International est en effet politique lorsqu'elle affecte ses budgets prioritairement à la lutte contre l'agent orange au Viêtnam (un défoliant hautement toxique utilisé par les Américains durant la guerre) ou pour l'implantation de la pomme de terre à Cuba. Ces actions humanitaires ne sont pas contestables en soi, mais le choix d'aider ces pays n'est pas anodin. Son message est encore politique quand elle choisit des spectacles qui mettent en scène une région du monde plutôt qu'une autre. Sans la CCAS, l'idéologie communiste serait privée d'un puissant vecteur. Le CE offre à la CGT les moyens de soutenir des causes, de véhiculer un courant de pensée.

Aucune de ses actions n'est idéologiquement neutre. La CCAS développe également une vision engagée de la formation. Le CE a profité de la loi sur la formation professionnelle, en 1972, pour développer son propre centre de formation, l'Iforep, afin de mieux modeler les siens à son image. L'Iforep prodigue deux types de formation : d'une part des sessions pour les animateurs des centres de vacances et d'autre part des stages destinés aux cadres du CE. À la marge, l'Institut vend des modules de formation à la demande à des organisations sociales, ou réalise travaux et recherches de bonne tenue, comme les Cahiers de l'Iforep. L'influence de l'Iforep ne s'arrête pas là. Dans les années 1970, l'Iforep a vu passer dans ses locaux les futurs cadres des républiques socialistes des pays en voie de développement. Un véritable creuset culturel. Les membres du conseil d'administration de cet institut de formation sont désignés par les fédérations en fonction du nombre de sièges dont elles disposent au sein du conseil de la CCAS et également au sein du comité de coordination des caisses mutuelles locales. Grâce à ce système, les minoritaires ne disposent que d'un nombre réduit de places. La CGT est encore plus forte au sein de l'Iforep que dans les deux autres organismes. « L'Iforep n'est pas pluraliste, se plaint Louis Fabre, administrateur FO. Les nominations sont quasiment toutes celles de cégétistes. » Les documents de préparation du séminaire de rentrée 2004 soulignent en effet l'importance du rôle des formateurs dans la diffusion des idées que défend la Caisse : « "donner du sens", "faire lien" renvoient à l'engagement du formateur pour construire, défendre et argumenter ses partis pris et ceux de l'institut [...], peut-on lire. Or cet engagement fait parfois défaut par manque de connaissance des fondamentaux de l'institut, par insuffisance de positionnement politique, par absence de la mise en œuvre du rôle formateur [...]. » Le séminaire de rentrée prévoit une intervention sur le thème « L'éducation populaire, histoire, enjeux, actualité ». Du sur-mesure. Face à cette hégémonie culturelle, les syndicats minoritaires rongent leur frein. Depuis quarante ans.

11

Les minoritaires

Encore 2 % de plus aux dernières élections. Malgré la tempête médiatique qui vient s'abattre sur elle, la CGT a marqué des points dans l'entreprise. La justice soupçonne le syndicat de puiser dans les œuvres sociales, mais ses scores continuent de grimper. Quarante enquêteurs de la police judiciaire perquisitionnent le comité d'entreprise dirigé par la CGT, sans affaiblir l'organisation syndicale... Au contraire.

Au lendemain du scrutin du 6 mai 2004, les syndicats minoritaires encaissent une fois de plus le choc. La CGT semble insubmersible. Inébranlable. Année après année, elle engrange toujours plus de 50 % des voix. Les minoritaires ont pourtant tout essayé pour exister. En vain. Chacun à leur tour ils ont joué le chantage au départ. S'en aller pour se faire désirer. Inutile. La CGT a les moyens de gouverner seule. Alors ils sont revenus dans le jeu : partager le pouvoir reste pour eux le seul moyen de compter. Quitte à se contenter de quelques miettes.

La CGT a finement joué : elle a impliqué les minoritaires dans son système. Leurs administrateurs bénéficient comme les siens de voitures de fonction ou de frais importants. Les quelques caisses locales qui ne sont pas aux mains de la CGT accueillent leurs militants. Pour tous, les œuvres sociales et le syndicalisme sont « sang mêlé », selon l'expression de Denis Cohen [1], patron de la fédération Énergie. La Caisse centrale des activités sociales est un univers à part. Il conditionne tous ceux qui le fréquentent. Individuellement, les hommes qui composent ces syndicats minoritaires tentent à leur façon de tirer leur épingle du jeu.

Bruno Le Bivic est au régime. Le président CFE-CGC de la commission sport du comité d'entreprise prend ses responsabilités très à cœur : il veut entamer la saison d'été en forme. Il a bien l'intention de faire le tour de ses institutions et de participer aux événements sportifs qui dépendent de son ressort. La stature comme taillée dans le roc, le visage carré, une belle voix de basse, Bruno Le Bivic connaît les œuvres sociales comme sa poche. Il en maîtrise les rouages, locaux et nationaux. Il fréquente assidûment ses dirigeants, de tous bords. Depuis l'enfance, il baigne dans cet univers. Ses premières vacances, il les doit au comité d'entreprise d'EDF. Il en garde encore de merveilleux souvenirs. Adolescent, il effectue toujours grâce à la CCAS des stages d'alpinisme. « C'est là que j'ai forgé mon caractère, acquis mes valeurs d'homme : la solidarité, la tolérance, la défense de la paix », dit-il, un rien solennel. À la Caisse centrale d'activités sociales, chaque activité sportive portait alors, et porte encore, le nom d'un ancien résistant communiste : Fernand Flaupac pour le VTT, Raymond Cousin pour le tennis... « Encore aujourd'hui, cela ne me choque pas », confie celui qui défend le drapeau de la CFE-CGC dans son département.

---

1. Entretien du 7 avril 2004.

La vie d'un syndicaliste représentant d'une organisation minoritaire n'est pas facile. Heureusement pour lui, Bruno Le Bivic est un pur produit maison. Sa connaissance du terrain lui a permis de se frayer son chemin.

Il est rentré à EDF après son frère, un militant cégétiste. « Grâce à lui, mon dossier est arrivé sur le haut de pile, raconte-t-il. C'est comme cela que j'ai été embauché. » Rapidement, il devient comptable au comité d'entreprise. Dans sa famille, on est agent EDF de père en fils. Cégétiste aussi. Par conformisme, ou réalisme, peut-être plus que par conviction. Il se souvient du jour où sa mère, sténographe dans l'entreprise publique, a pris sa carte syndicale. « À cette époque, on faisait la queue à la fin du mois pour toucher son salaire. Le bureau de la CGT se trouvait juste à côté de celui du service de la paye. Pour ne pas être relégué systématiquement au bout de la file, il fallait montrer patte blanche, c'est-à-dire avoir cotisé à la CGT. Ma mère a donc adhéré. » Pendant des années, Bruno Le Bivic ne s'intéresse pas au syndicalisme. « Un jour, je suis rentré à la CFE-CGC par provocation. Je me suis pris au jeu. » Depuis lors, il consacre son énergie à redresser son syndicat. La CFE-CGC est devenue sous sa houlette la deuxième organisation (après la CGT) dans sa région. La centrale des cadres se bat pied à pied pour réduire le champ de la toute-puissante CGT.

Membre de la commission de contrôle de la caisse mutuelle de Nice, Le Bivic n'hésite pas à chatouiller le syndicat gestionnaire sur ses comptes. Sur le terrain local, il se fait des ennemis. Pourtant, à Paris, il sait arrondir les angles. Il entend garder la confiance des dirigeants de la Caisse. Il sympathise avec « Jean » (Lavielle, l'ancien président), il encourage « Évelyne » (Valentin, qui a succédé à Jean Lavielle), il déjeune même avec d'éminents représentants du PCF, et même Marie-George Buffet.

Bruno Le Bivic combat et respecte ses adversaires syndicaux. Il est tout entier imprégné par leur culture. Il partage les mêmes valeurs, des souvenirs d'enfance, un univers professionnel particulier... Du coup il se sent parfois en porte-à-faux. Il n'apprécie pas que les administrateurs centraux de son syndicat s'opposent trop frontalement aux dirigeants cégétistes, ses patrons. Le comité d'entreprise est un univers dont il bien difficile de s'affranchir. Le Bivic en est conscient : « À un moment donné, on est tellement imprégné de l'esprit et des habitudes de la Caisse centrale, que l'on perd ses repères. On ne sait plus ce qui est normal et ce qui ne l'est pas. »

Pour éviter ce piège, Patrick Cuffet, le seul membre de la CFE-CGC présent au conseil d'administration de la Caisse centrale, préfère se tenir à distance. Il siège à l'ensemble des conseils d'administration, mais il fuit volontiers l'« apéro » qui suit. Il ne veut pas « copiner », selon son expression. Sa personnalité discrète le sert. Il ne s'attarde pas dans les couloirs de la CCAS après les réunions : il regagne son bureau de la place Saint-Georges à Paris, ou celui de Reims, sa ville d'attache. « Ce sont des gens sympathiques », confie-t-il. Patrick Cuffet reconnaît, en réalité, bien des qualités à ses opposants. Les militants de la CGT ne ménagent pas leur peine au travail. Un syndicaliste comme lui ne peut que saluer un tel engagement. Membre de l'APEI (Association des parents d'enfants inadaptés), il est sensible aux actions de la CCAS en faveur des personnes handicapées, même s'il est loin de partager la même doctrine. L'administrateur CFE-CGC veille donc à ne pas s'éloigner de son mandat syndical, son fil conducteur. Il traque les informations, piste les faux pas de ses adversaires, dénonce les errements, sans états d'âme. « Sur le plan personnel, c'est une mission difficile. Mais on m'a placé ici pour cela. Heureusement, je ne suis pas tout à fait seul. »

La CFE-CGC est le syndicat le plus isolé : elle ne détient qu'un seul siège au sein de chacun des conseils d'administration des organismes sociaux – la Caisse centrale, le comité de coordination des caisses mutuelles et l'Iforep. Elle n'a pas de responsabilité directe dans la gestion de la caisse. Ce qui lui évite toute compromission. Elle peut se cantonner à un pur rôle d'opposition. Sa ligne est d'ailleurs très éloignée de celle des autres syndicats : elle seule ne s'oppose pas au changement de statut et à l'ouverture de capital. La CFE-CGC n'a pas participé aux manifestations contre le projet de loi de Nicolas Sarkozy. De telles positions la marginalisent dans l'entreprise, tout acquise à la défense du service public.

La CFDT a plus d'audience, mais la position de ses militants n'est pas plus facile pour autant. La Fédération a souffert de la récente fusion des branches énergie et chimie. Les représentants des électriciens et gaziers ont perdu dans cette opération, voulue par Nicole Notat, de nombreux militants de qualité et un leader très reconnu dans l'entreprise, Bruno Lèchevin, devenu par la suite commissaire à la commission de régulation de l'électricité. Les scores de la CFDT s'effondrent. Elle reste le deuxième syndicat, mais bien loin derrière la CGT. Elle ne détient plus que cinq caisses locales. Et, pour garder le pouvoir dans ces quelques fiefs, elle doit s'allier avec des partenaires – la CFE-CGC ou la CFTC. Elle ne règne jamais seule. Jean-Michel Renard a dirigé plusieurs années la caisse dite des « centraux », celle qui couvre l'ensemble des salariés employés dans les services centraux d'EDF. Il a été évincé aux dernières élections. La CFDT a préféré sortir tout à fait du jeu. « Sur les idées, on pourrait encore se retrouver avec la CGT, mais nos méthodes, elles, sont trop différentes », assène Jean-Michel Renard.

À ses débuts dans l'entreprise, ce quinquagénaire malicieux ne voulait pas entendre parler d'engagement syndical. La CGT avait tenté sans succès de le recruter. « La pression pour que j'adhère était forte », se souvient-il. Il lui faut dix ans pour revenir sur sa décision de ne pas militer, et encore un an d'hésitation avant de rejoindre la CFDT. Il sait alors qu'il va devoir lutter contre l'omniprésence des cégétistes, mais la tâche ne l'effraie pas. « Ensuite, j'ai appris la frustration », raconte-t-il. Jean-Michel Renard se souvient de ces réunions interminables du comité de coordination des caisses mutuelles. « La CGT ne nous laissait aucun espace. C'était le rouleau compresseur. Si on tentait de défendre l'une de nos idées, on se prenait ensuite dix interventions de cégétistes défendant exactement le contraire. Du coup, on a décidé de se taire pendant ces réunions. On appelait cela entre nous "la technique de la tortue" : on rentre la tête et on ne dit plus rien. Pour ne pas prendre de coups. »

La conjoncture a pourtant fini par jouer en faveur des « minoritaires » : les années passant, la CGT a fait mine de s'ouvrir à ses partenaires syndicaux. Jean-Michel Renard assène avec ironie : « Il y a de moins en moins d'argent, et les dépenses sont de plus en plus contrôlées, au moins dans les mutuelles. Il n'y a plus de grands investissements à mener, plus de grands choix politiques à opérer : il ne reste plus qu'à gérer la machine. Mais la CGT n'est pas un syndicat gestionnaire... Elle a besoin de nous. » Autour de la table du conseil d'administration, les relations se sont adoucies. La CGT tente de convaincre là où elle se contentait d'imposer, disent ses partenaires. Tout le monde se retrouve quand il s'agit d'aller négocier une rallonge dans le bureau de la direction d'EDF, pour combler le déficit de la mutuelle. Jean-Michel Renard mise aujourd'hui sur l'avenir : « EDF est en train d'aborder un tournant historique et le poids de la CGT va en pâtir. La CFDT est la première organisation dans le privé... Petit à petit notre message finira par passer. »

Alain Morel, lui, veut croire à l'efficacité de son syndicat : « Nos idées sont reconnues, assure le représentant de FO. Elles ne sont pas acceptées du premier coup. Mais elles finissent par percer. » FO, troisième syndicat de la Caisse, a renoncé à s'opposer à la CGT pour jouer la carte du plus fort. Son poids repose actuellement dans sa capacité d'alliance. Alain Morel est un « pro ». Le président de la commission des appels d'offres navigue au sein des œuvres sociales comme un poisson dans l'eau. C'est pourtant l'une des plus récentes recrues du syndicat à la CCAS. Il n'a rejoint les équipes du comité d'entreprise qu'en 1999, mais il s'est rapidement fondu dans le moule. Ce quadragénaire posé n'est pas né de la dernière pluie. Vingt ans de militantisme lui ont appris la mécanique syndicale : il a vite intégré les règles du jeu de la CCAS. « Ici on est entre syndicalistes, on se fait la bise dans les couloirs, mais on négocie comme partout ailleurs, résume-t-il. La différence c'est qu'au lieu de traiter avec une direction patronale classique, il faut faire avec la CGT patronne. Dans le fond, ce sont les mêmes mécanismes. »

Alain Morel a choisi depuis toujours la centrale Force ouvrière pour son « indépendance politique », explique-t-il. La centrale de Montreuil n'est pas son ennemie pour autant. Agent EDF d'origine, il est embauché en 1976 à la centrale du Bugey, comme dessinateur. Il assiste à sa première réunion syndicale presque par hasard. « Mon collègue ne pouvait pas se libérer, je l'ai remplacé. La réunion se tenait à Paris, je n'étais jamais allé à la capitale... » Ce jour-là, le fils de Lagneux, petite bourgade de l'Ain où il a gardé ses attaches, met le doigt dans l'engrenage. Il grimpe rapidement les échelons du syndicat. Il s'occupe pour la fédération FO de l'énergie de la formation professionnelle, puis de celle des militants. Il tire de cette expérience une grande maîtrise de lui-même. Cet homme qui a passé plusieurs années à enseigner les ficelles du métier à ses ouailles ne se laisse pas facilement déstabiliser. Des dizaines de stages sur la conduite d'une négociation ou la maîtrise de la communication l'ont rendu expert dans l'art de la parole en public. Il sait faire face à la rhétorique cégétiste. « Petit à petit nos positions se rejoignent, estime-t-il. La CGT est devenue plus pragmatique. »

Alain Morel ne se trompe pas d'adversaire. Il n'entend pas attaquer ses partenaires de front. Il ne voit pas de raison que son syndicat se porte partie civile, comme a fini par le faire la CFDT dans l'affaire du comité d'entreprise. Il se moque à mots à peine couverts de ceux qui font mine de jouer les « chevaliers blancs ». Il préfère quant à lui parler de « dysfonctionnements » plutôt que de « dérives » dans la gestion de la Caisse.

Il en a lui-même identifié quelques-uns. L'absence de service des achats par exemple. Plusieurs personnes s'occupent de cette mission. Ceux qui passent les commandes peuvent ainsi être les mêmes que ceux qui payent. Pour bien faire, il faudrait séparer les deux tâches, reconnaît-il. Il a bien noté aussi cette autre imperfection : l'inspection générale est rattachée à la direction générale. Le service devrait dépendre du conseil d'administration, qui n'a actuellement pas de possibilité de contrôle, défend-il. C'est tout. Il n'ira pas au-delà. Il ne veut pas entendre parler d'un « système ». « Se porter partie civile, reprend-il, c'est se montrer accusatoire, c'est être à charge sur le dossier. » Cela, le président de la commission chargée du patrimoine et des appels d'offres ne le veut pas. Ou ne le peut pas. Avant lui, FO tenait déjà les commandes de cette instance stratégique. Prendre ses distances sans se mettre lui-même hors jeu : c'est toute la difficulté du syndicat. Se dissocier de la CGT et de sa gestion contestée du comité d'entreprise sans couler avec le paquebot, c'est également la douloureuse problématique de tous les minoritaires.

12

Déjà en 1990 !

Souvent, l'histoire se répète. Dans l'affaire du comité d'entreprise d'EDF, elle bégaie. « Nous revendiquons tout ce que l'on nous reproche, déclare, le front haut, Denis Cohen, lors d'une conférence de presse. Cette campagne de dénigrement vise tous ceux qui refusent le recul social », poursuit-il en évoquant le climat « de haine et d'exclusion des communistes qui domine depuis des semaines ». Dans un article intitulé « Les mains propres », une journaliste de *L'Humanité* revient sur les attaques dont le CE d'EDF est « injustement » la cible. La veille, *Le Parisien* a révélé les premiers extraits d'un rapport accablant de la Cour des comptes sur la gestion de la CCAS. Dans *Libération*, Force ouvrière et la CFDT dénoncent « l'hégémonie du syndicat majoritaire d'EDF », tandis que le secrétaire général de la CGT monte lui-même au créneau pour défendre son bastion : « La Cour des comptes me donne un brevet de bonne gestion. »

Il ne faut pas s'y méprendre. La formule n'est pas signée Bernard Thibault mais Henri Krasucki. Autres temps, mêmes mœurs : les titres des journaux datent du début de l'année 1990. À cette époque, la CCAS est déjà emportée dans une véritable tourmente. Charles-Amédée de Courson, député UDF de la Marne, est alors conseiller à la Cour des comptes. Esprit malin et curieux, passionné par les comptes de la Sécurité sociale et les arcanes de la protection sociale, ce franc-tireur de la droite s'est penché pendant plusieurs mois sur la CCAS. Le rapport de plus de 300 pages qu'il rédige fait l'effet d'une bombe. Le 19 décembre 1989, les lettres adressées aux différents ministres de tutelle concernés sont sans appel : graves défaillances des pouvoirs publics en matière de contrôle, irrégularités de gestion, erreurs de virements, dépenses illégales... Le coup porté à la vitrine sociale française et au système de l'État patron est rude.

Le magistrat a minutieusement décortiqué tous les mécanismes de la CCAS. Non sans mal.

« Le contrôle de la Cour des comptes [...] s'est déroulé dans des conditions quelque peu inhabituelles », prévient Charles de Courson en avant-propos de son rapport. L'arrivée du magistrat à Montreuil et dans les caisses mutuelles locales a été vécue comme un nouvel épisode de la lutte des classes. Jusqu'alors, les responsables des œuvres sociales avaient toujours refusé que l'on vienne fureter dans leurs affaires. Des rencontres préparatoires ont pourtant été organisées avec les différents protagonistes des œuvres sociales pour expliquer la démarche des magistrats de la Cour des comptes. Un contentieux est né de cette opposition et les différentes parties s'en sont remises au Conseil d'État pour régler leurs différends. Une fois le principe du contrôle admis d'un point de vue juridique, la CGT n'a eu d'autre solution que de s'exécuter... de mauvaise grâce. « L'accueil fut réservé, le président donnait une lecture politique à ce contrôle [...] et doutait de la compétence de la Cour des comptes sur les activités sociales. La coopération du comité fut très réticente... », se souvient encore aujourd'hui Charles-Amédée de Courson.

Un comité d'accueil CGT l'attendait chaque fois qu'il se rendait dans une des dix caisses qu'il a visitées au cours de sa mission. Les délégations de la CGT lui ont demandé des auditions, lui ont envoyé des lettres et des télégrammes de protestation. À Montreuil, les investigations ont duré trois mois. Elles se sont déroulées finalement dans un climat serein. Le jour de son arrivée, le magistrat a tout de même eu droit à une manifestation organisée par le syndicat majoritaire pour montrer son hostilité.

L'identité même du magistrat était vécue comme une provocation supplémentaire. Comment un Buisson de Courson, descendant d'une grande famille de l'aristocratie française, peut-il comprendre quoi que ce soit du mouvement social et du poids symbolique des œuvres sociales d'EDF ? « J'ai fait l'objet d'agressions verbales de la part de certaines délégations CGT, relate-t-il. Elles considéraient que la Cour était complice du gouvernement et du patronat et que, vu mon état civil, je n'étais pas susceptible d'être objectif ! » L'affaire prit de telles proportions que le magistrat dut « rappeler à plusieurs présidents des œuvres sociales que le racisme social n'est pas l'une des formes les moins perverses du racisme tout court et qu'il est susceptible de condamnations au pénal ». Le rédacteur du rapport conclut toutefois, non sans un humour inhabituel dans ce type de prose : « Après ces petites mises au point, le contrôle se déroula dans des conditions fort satisfaisantes. »

L'enquête de Courson se révèle d'une actualité édifiante. Jamais un rapport de la Cour des comptes n'aura conservé une telle fraîcheur... Ainsi en 1990, le rédacteur écrit déjà : « En tant que productrice de biens et de services, la CCAS [...] a des prix de revient très supérieurs à ceux d'entreprises similaires; les surcoûts de gestion qui sont considérables constituent une perte de niveau de vie pour les électriciens et gaziers. Ces surcoûts sont particulièrement importants dans le domaine de la santé, de la restauration et de l'hôtellerie. Quant à l'activité d'assureur de la CCAS, elle [...] a longtemps constitué une rente de situation considérable pour les réassureurs et le courtier. » Charles-Amédée de Courson s'étonne notamment que le CE ait conservé depuis la Libération le même courtier, Faugères et Jutheau, sans jamais le mettre en concurrence.

« La gestion interne à la CCAS souffre de plusieurs handicaps qui aboutissent à des coûts de fonctionnement très élevés : insuffisant appel à la concurrence dans la passation des marchés, modalités de recrutement des agents statutaires et conventionnés ne permettant pas à la CCAS de disposer des ressources humaines adaptées à ses besoins, surtout en encadrement, absentéisme anormalement élevé, absence de rigueur... [...] Quant aux contrôles internes et externes de la CCAS, ils sont gravement défaillants. » Le message qu'il adresse aux dirigeants de l'époque et aux ministères concernés est sans ambiguïté : « Face à ce constat, on ne peut que recommander tant aux tutelles qu'aux responsables de la CCAS d'améliorer la gestion et de revenir au respect tant du statut national que des lois et des décrets en vigueur. La CCAS doit cesser d'être un organisme auquel ne s'appliquent pas les lois de la République française du fait de la défaillance de l'État et parfois d'une certaine complicité d'EDF-GDF. »

Dans son petit bureau de député de la rue de l'Université, Charles-Amédée de Courson nourrit toujours une certaine fierté d'avoir été le premier à mettre au jour les vices cachés des œuvres sociales. Avant lui, les débats autour de cette question restaient très idéologiques. Régulièrement, des élus de droite montaient au créneau contre les scandaleux « privilèges » des agents et la mainmise de la CGT sur le « magot » d'EDF. Il faut rendre grâces à Courson d'avoir été l'un des premiers à s'atteler à une analyse comptable de la situation.

En juin 2004, lors de l'examen du projet de loi sur la réforme du statut d'EDF par l'Assemblée nationale, Charles-Amédée de Courson se pique d'être le seul député à avoir titillé Nicolas Sarkozy sur la réalité des chiffres. « Le ministre des Finances pérennise un système dans lequel les surcoûts du régime de santé représentent 6 % de la masse salariale et comptent pour près de 7 % de la facture des usagers. Tout le monde feint de trouver cela normal au moment où l'on demande à l'ensemble des Français des efforts considérables pour renflouer le régime général. C'est incohérent. »

Le magistrat a proposé en 1990 de rendre la gestion des feuilles de soins et autres remboursements à la Sécurité sociale et de lui confier, contre rémunération, celle du régime d'assurance complémentaire. Il avait alors calculé que le coût de traitement par les caisses mutuelles d'EDF était trois fois plus élevé que celui de la Sécu qui n'a pourtant jamais eu la réputation d'être un modèle de productivité. Le référé transmis au début du mois de janvier 1990 par Charles-Amédée de Courson aux tutelles, aux ministères des Finances, des Affaires sociales et de l'Industrie, est resté lettre morte. Pourtant le magistrat y indique : « On peut se demander si le maintien de l'organisation actuelle n'est pas la solution la plus coûteuse pour les salariés, les entreprises et les CPAM. » Depuis, la situation n'a fait qu'empirer. Les frais de gestion anormalement élevés ont continué de filer et la couverture maladie jugée « excellente » en 1990 s'est réduite comme une peau de chagrin. Le fiasco est donc total : l'immobilisme des pouvoirs publics, de l'entreprise et le conservatisme de la CGT gestionnaire n'ont servi qu'à transformer une formule « excellente mais coûteuse » en une formule médiocre et coûteuse.

Charles-Amédée de Courson a pourtant mis tous les acteurs face à leurs responsabilités : « Les entreprises étant exclues par le statut de la gestion des caisses mutuelles, elles s'en sont désintéressées mais ont accepté de prendre en charge une part considérable de leurs coûts de fonctionnement, favorisant ainsi juridiquement la mauvaise gestion de l'ensemble. »

Quatorze ans après rien n'a changé ou presque. Des modifications juridiques ont été apportées çà et là. Mais, la tempête médiatique apaisée, les bonnes vieilles habitudes se sont réinstallées. Tout le monde a pris le soin de faire soigneusement retomber le couvercle et de laisser les œuvres sociales des électriciens mariner avec leurs vieux démons. Pourtant, à l'époque, les pouvoirs publics et la direction de l'entreprise avaient tous les éléments en main pour prendre les dispositions nécessaires. Manquait le courage politique.

Le rapport de Courson est une occasion manquée, tout comme, en 1980, la tentative de plafonnement du 1 % demandée par une poignée de députés. En 1980, le coup de colère des parlementaires de droite reposait sur des motivations idéologiques. Les deux protagonistes de cette fronde, Georges Tranchant et Robert-André Vivien s'inquiétaient de voir tomber dans les poches de la CGT les quelque 850 millions de francs que constituait à l'époque le produit du 1 %. L'affaire dépassa l'hémicycle et Robert-André Vivien proposa même en juin 1980 à Georges Séguy, patron de la CGT, de venir débattre avec lui de l'utilisation faite de l'argent des électriciens et gaziers. « Il décline mon invitation car il redoute les révélations que je serais amené à faire sur la perversion du droit de grève à EDF, sur les rémunérations, les privilèges et avantages sociaux, dont une part est détournée au profit de la CGT, sur la mainmise de la centrale syndicale sur l'embauche et les affectations aux postes de responsabilité et sur l'utilisation à des fins politiques par la CGT du monopole EDF », fanfaronnait le député RPR.

En décembre, Robert-André Vivien, président de la commission des finances de l'Assemblée, annonça au perchoir son intention de saisir la Cour des comptes. Le lendemain, trois cocktails Molotov explosèrent contre sa permanence parlementaire à Vincennes. Le 5 décembre, Georges Tranchant, député RPR des Hauts-de-Seine, déposa un amendement pour limiter la progression du produit du 1 % – dont la hausse du produit de cette redevance avait atteint 400 % en sept ans. Mais le gouvernement de Raymond Barre fit clairement comprendre aux élus de sa majorité qu'il ne tenait pas à déclencher une guerre avec les communistes sur ce sujet. L'Assemblée rejeta l'amendement de Tranchant. Les sénateurs, toujours moins sensibles aux injonctions gouvernementales, adoptèrent un amendement pour asseoir le 1 % non plus sur le chiffre d'affaires, mais sur la masse salariale comme à la SNCF, chez Renault ou à la Société Générale. Le texte se perdit dans les navettes entre le Palais-Bourbon et celui du Luxembourg. Les parlementaires se consolèrent avec le projet de création d'une commission parlementaire au printemps 1981 sur la question. Mais les députés eurent d'autres sujets d'intérêt en mai 1981..

13

Le parcours du combattant du contrôleur d'EDF

Cinquante-six mille factures par an. Une toutes les dix minutes. Dans son petit bureau du comité d'entreprise d'EDF, Bernard Auvray, le contrôleur des comptes, est noyé sous la paperasse. Toiles de tente, meubles de cuisine, locations de salles, achat de matériel vidéo, chantier de réfection d'une maison de vacances... Il se saisit au hasard d'un bordereau. La forme est respectée, la nature de la dépense n'est pas surprenante, il donne un coup de tampon. La facture est visée !

Bernard Auvray, c'est l'œil du ministère des Finances au comité d'entreprise. Dans les textes, il est le garant des 400 millions d'euros versés au comité d'entreprise par EDF, GDF et l'ensemble des entreprises des industries électriques et gazières. Dans les faits, il est perdu, abandonné depuis des années dans les méandres de la comptabilité de la Caisse centrale des activités sociales.

Bernard Auvray n'est pourtant pas en terre inconnue. Comme la plupart des administrateurs et des salariés du siège de la CCAS, c'est un agent EDF « détaché » à la CCAS. Mais il est de l'autre côté de la barrière. Tout le monde se méfie de lui. L'entreprise le met à disposition de Bercy pour surveiller les dépenses du CE. EDF et GDF n'ont juridiquement aucun droit de regard sur la gestion des activités sociales des salariés des industries électriques et gazières. Le législateur l'a voulu ainsi afin de préserver les salariés d'une quelconque ingérence patronale. En outre, le contrôleur d'EDF ne dispose d'aucun pouvoir d'investigation. Les portes du conseil d'administration lui sont fermées. Les discussions et décisions sur les grandes orientations budgétaires de la maison ne le regardent pas. Il ne siège pas dans la commission des appels d'offres. Les conditions de passation des marchés ne lui sont jamais communiquées. Il n'assiste pas non plus au dépouillement des dossiers de candidature ni aux séances de délibération. Pis. Il ne voit passer que les factures supérieures à 10 000 euros. Et encore Bernard Auvray a-t-il profité du passage à l'euro pour abaisser ce seuil qui a longtemps été à 100 000 francs (15 000 euros). Pour éviter d'avoir à fournir le justificatif d'une dépense, il suffit donc de scinder la facture en deux... Puisque le contrôleur n'a qu'une action *a posteriori* – vérifier qu'une pièce justificative correspond bien à la sortie déclarée.

Dans ces conditions, il n'est pas étonnant que la ligne jaune soit souvent franchie. Un gendarme sans matraque ne fait pas peur.

Les remarques d'Auvray n'impressionnent guère la galerie. En 2002, dans le contexte de rumeurs et de malversations financières, il sort de sa réserve. Les différentes fédérations syndicales se sont fait régler par le CE des frais de restaurant pour leurs représentants du personnel en formation. Les notes sont salées : près de 150 000 euros pour la CGT et un peu plus pour Force ouvrière (180 000 euros), tandis que la CFE-CGC doit se contenter en 2002-2003 de 15 000 euros. Les factures ne sont accompagnées d'aucun décompte ni justificatif. Bernard Auvray se fait violence. Il tape du poing sur la table et demande des preuves des dépenses engagées. En vain. À la fin de l'année 2003, les différentes organisations lui présentent à nouveau la note, devenue « défraiement de repas de formation ». Toujours aucun décompte ni justificatif. Comme si de rien était. Cela fait plus de trente ans que les membres du conseil d'administration se sont accordé ce passe-droit. Ils n'ont pas l'intention d'y renoncer, quitte à froisser les principes du contrôleur d'EDF.

En cas d'anomalie, Bernard Auvray peut s'adresser à la Direction de la demande et des marchés énergétiques (la Dideme), sa tutelle. Les textes rédigés en 1946 prévoient l'intervention de ce service du ministère des Finances : en principe, le conseil d'administration du comité d'entreprise devrait transmettre son budget au commissaire du gouvernement – le responsable de la Dideme – après avis du contrôleur d'État. Mais le contrôleur d'État a rendu sa calculette depuis une vingtaine d'années, faute de moyens et d'informations suffisants pour exercer une veille digne de ce nom. Le commissaire du gouvernement approuve donc tacitement les comptes du CE. Les services de Bercy jouent aujourd'hui de cette ambiguïté. Devant la police judiciaire, Michèle Rousseau, directrice de la Dideme, a expliqué que son service n'avait pas de fonction de contrôle.

Pourtant, à Bercy, un département de 26 personnes, la « sous-direction des systèmes électriques », est spécialisé sur le dossier EDF. Pour les questions relatives au statut, cette sous-direction peut aussi s'appuyer sur le « bureau des affaires sociales et statutaires électricité-gaz ». La Direction générale de l'énergie et des matières premières (DGEMP) fait travailler en tout plus de 240 fonctionnaires, pour les deux tiers des catégories A, les plus diplômés de l'administration économique et financière. Les compétences ne manquent pas. Pour Henri Guaino [1], ancien commissaire au plan et administrateur d'EDF, l'inertie des services est en grande part responsable de ce laisser-aller. Dans leur paquebot de verre, sur les quais de Seine, les vigies de Bercy auraient oublié depuis longtemps que l'argent du CE est prélevé sur les factures de gaz et d'électricité des Français et qu'ils ont une réelle responsabilité sur l'utilisation qui en est faite.

En février 2003, la directrice de la Dideme a été appelée à la rescousse par Jean-Claude Laroche, alors directeur général du CE d'EDF. Il lui a envoyé une longue lettre pour l'alerter sur les dérives qu'il avait constatées et les conditions dans lesquelles la CGT voulait le mettre dehors. En mai 2003, alors que la guerre entre l'ancien directeur général du CE et la CGT bat son plein, c'est l'administrateur de la CFE-CGC qui tire la sonnette d'alarme. Il décide d'en référer lui aussi à la directrice de la Dideme. Michèle Rousseau et deux de ses collaborateurs lui accordent une audience. Patrick Cuffet est accompagné du patron de la Fédération CGC, Arnaud Bousquet. Il met sous le nez des fonctionnaires une série de factures anormalement élevées, évoque des suspicions d'emplois fictifs et ses craintes de voir l'argent des agents détourné de son objet. Les fonctionnaires de Bercy renvoient la patate chaude rue Cambon en conseillant aux syndicalistes CGC d'interpeller la Cour des comptes.

Michèle Rousseau écrit tout de même une lettre de remontrances à Jean Lavielle. Ses recommandations

1. Entretien du 7 juin 2004.

montrent qu'elle a pris au sérieux les allégations qui lui ont été rapportées. « En ce qui concerne le 1 % des recettes de distribution d'électricité et de gaz permettant la création, le fonctionnement des activités sociales et leur amélioration, écrit-elle, celui-ci doit être géré avec rigueur et au seul profit des agents des industries électriques et gazières. » Et de poursuivre, ce qui prouve qu'elle n'ignore alors rien des détails : « En particulier les marchés importants doivent être passés dans des conditions permettant les moindres coûts, le système d'appel d'offres étant privilégié. Les fournisseurs doivent pouvoir présenter des références dans leur domaine de compétence en évitant que la CCAS soit leur unique client. Par ailleurs, les manifestations externes ne doivent pas être organisées ni financées sans convention ou partenariat officialisé et les prestations de restauration à des organismes tiers doivent donner lieu à facturation. Enfin, les mises à disposition de personnels payés par la CCAS ne s'inscrivant ni dans le cadre d'un bénévolat ni dans le cadre d'un détachement syndical doivent donner lieu à des conventions de mise à disposition ou de prêt de main-d'œuvre à but non lucratif, ce qui induit le remboursement intégral à la CCAS des coûts salariaux par l'organisme d'accueil. Vous voudrez bien me faire part des instructions déjà données en ce sens par le conseil d'administration et des compléments qui pourraient y être apportés pour mettre fin à ces errements. » Le 11 mai 2003, Jean Lavielle répond à Michèle Rousseau. Dans son courrier, il nie l'existence de quelconques errements. « Il n'a donc pas été besoin d'attendre l'intervention de M. Laroche pour que soient instituées de façon volontariste des règles dont vous-même et M. le contrôleur d'EDF savez qu'elles sont scrupuleusement mises en œuvre. Je n'ai pas connaissance qu'elles aient été méconnues [...] », écrit-il. La Cour des comptes se montre plus pugnace que la Dideme. Dès le début de l'été, le président Logerot informe la CFE-CGC qu'elle a inscrit la CCAS dans son programme de contrôle dès le premier semestre 2004. Dix conseillers référendaires, rapporteurs ou assistants s'installent effectivement à Montreuil en avril 2004 pour « vérifier les comptes et la gestion de la CCAS de 1998 à 2003 ». Les magistrats doivent également « vérifier la gestion par EDF et GDF de leur relation avec la CCAS sur la même période ».

La juridiction financière n'est pas exempte de toute critique pour autant. Après son passage, remarqué, la Cour des comptes attendra finalement quatorze ans avant d'ausculter de nouveau l'organisme. Des associations comme la Société protectrice des animaux ou les Restos du cœur dont le fonctionnement laissait à désirer ont reçu au moins deux fois les magistrats de la rue Cambon au cours de la même période. Jean Marmot, l'ancien président de la cinquième chambre de la Cour des comptes aujourd'hui à la retraite, se souvient que la vénérable institution n'a jamais montré beaucoup d'empressement au sujet du CE d'EDF. « Jeune magistrat, raconte-t-il, j'avais proposé plusieurs fois d'engager un contrôle. Ce n'était jamais le bon moment. » Pourtant, deux chambres peuvent légitimement se saisir du dossier : celle en charge des questions de Sécurité sociale, puisque le CE gère le régime maladie des agents d'EDF, et celle des affaires sociales.

Demander des comptes à la CGT serait-il tabou ? Même le fisc y a renoncé. Un contrôle fiscal en 1975 avait pourtant donné lieu à une notification de redressement en 1976, à laquelle la Caisse n'a répondu qu'en 1977 – un courrier d'ailleurs resté sans suite. Le ministre du Budget de l'époque, Maurice Papon, a donné l'ordre, selon la Cour des comptes, d'interrompre le processus fiscal, craignant les conséquences sociales qui auraient pu découler de ce redressement...

« En vingt-cinq ans de fonctionnement, le seul contrôle s'est achevé par une absence de suite », résumait à l'époque Charles-Amédée de Courson.

Si la qualité du contrôle laisse à désirer au niveau central, le contrôle exercé sur les 106 caisses mutuelles complémentaires d'activités sociales est encore plus défaillant. Une récente étude menée au début de l'année 2004 à la demande des entreprises de la branche et des syndicats révèle que près de 50 % des caisses n'ont même pas de commissaires aux comptes. Au cours de cette enquête, les auditeurs qui ont eu accès à la comptabilité d'une cinquantaine de caisses ont relevé de nombreuses irrégularités : notes de frais non justifiées, dettes non recouvrées... Comme pour la Caisse centrale, les budgets des caisses décentralisées sont approuvés tacitement depuis 1980. Les directeurs régionaux (en pratique, les chefs de centre) devraient en principe placer un contrôleur auprès de chaque conseil d'administration.

Manifestement, les dirigeants du comité d'entreprise savent bien comment jouer des zones d'ombre de la comptabilité interne. Comment camoufler les frais exorbitants du tournoi international d'échecs ? Il suffirait, selon des témoignages internes, d'éclater l'addition sur plusieurs lignes comptables, de facturer une partie des frais de restauration sur un centre de vacances de la région et de faire prendre en charge une partie de la location de matériel par une autre institution... À la CCAS, la comptabilité analytique n'existe pas. « Avec ce système, il n'y a pas moyen d'apprécier le coût réel d'une opération », confirme Pierre Ducrocq, un des quatre administrateurs CFDT de la CCAS. Cette absence de rigueur permettrait, aisément, de faire passer incognito des factures illégitimes.

Un cadre de la région Provence-Alpes-Côte-d'Azur raconte : « Quand j'organise une manifestation estivale, un festival, etc., je sais très bien ce que je commande. Et si je vois passer des factures supplémentaires, c'est que quelqu'un, dans la maison, cherche à justifier une dépense qui n'est probablement pas facile à expliquer. Récemment, j'ai préparé un rassemblement de jeunes à Soulac. Par la suite, j'ai constaté que des dépenses que je n'avais pas faites étaient inscrites dans mon budget. Avec le système de répartition des factures, il est difficile de s'y retrouver. Une partie de l'addition passe sur les comptes du festival des jeunes, et les boissons sur celui de la direction de Paris-Sud. Cette manipulation comptable est possible car celui qui signe les factures n'est pas celui qui paye, l'ensemble des règlements étant centralisés à Montreuil. »

Les administrateurs CGT continuent malgré tout d'invoquer la multitude de contrôles internes et externes auquels ils seraient soumis. Lors d'une conférence de presse organisée à la hâte en novembre 2003 pour répondre aux articles de presse, le président Lavielle affirmait que l'organisme était sous « haute surveillance », avec sept niveaux de contrôle différents. Il s'est même vanté à l'époque de faire appel à un commissaire aux comptes alors que la loi ne l'y oblige pas.

Hélas pour Jean Lavielle, Jean-Claude Noulez, le commissaire aux comptes attitré de la CCAS, a été l'une des premières personnes interrogées par la police judiciaire. Ses liens personnels avec Denis Cohen ont intrigué le juge d'instruction. Les deux hommes se connaissent depuis l'enfance. En 1992 déjà, Noulez avait été désigné pour être l'interlocuteur de la Cour des comptes. En professionnel aguerri, le président de la société Arec a toujours pris soin d'émettre des réserves sur les comptes du comité d'entreprise dont il a la charge. « Le contrôle interne, les procédures de justification et d'analyse des comptes ne sont pas encore suffisants pour obtenir l'assurance raisonnable que les comptes annuels ne comportent pas d'erreur significative, notamment dans la justification et l'analyse des dettes et créances rattachées aux frais de personnel et dans l'absence de contrôle de cohérence des comptes de produits des affectations dans les centres de vacances », écrit-il dans l'édition 2003 du rapport de commissaire aux comptes. Le CE en a pour son argent. Le cabinet Noulez lui facture 5 000 heures d'honoraires par an.

14

La fée électricité

C'est l'un de ces rendez-vous discrets qui n'apparaissent pas dans les agendas officiels. Ce jour-là, en 1997, Denis Cohen quitte Pantin pour le cœur de Paris : il a rendez-vous, en tête à tête, avec l'un des tout nouveaux ministres du gouvernement Jospin. Le discours est policé mais, sur le fond, l'homme politique n'y va pas par quatre chemins. Son gouvernement doit présenter la première loi instituant l'ouverture du marché à la concurrence devant le Parlement pendant la législature. Il ne veut pas que de vieilles casseroles soient utilisées à des fins politiciennes. Il demande au patron de la CGT Énergie de mettre de l'ordre dans les comptes de la Caisse centrale d'action sociale avant cette échéance. Que cessent les « dysfonctionnements » qui empoisonnent la réputation du CE depuis des années.

« Je n'étais pas dupe, précise le ministre encore aujourd'hui, j'ai simplement demandé que les comptes deviennent présentables. Malheureusement la comptabilité, c'est parfois l'art de présenter dans les règles des comptes douteux... Je crois que mon intervention a eu un effet vertueux. Des efforts ont été réalisés dans le bon sens. Il y a eu un réel assainissement. Mais je crains que les vieilles habitudes n'aient pas disparu du jour au lendemain. »

Cette confidence est instructive : au sommet de l'État, nul n'ignore les pratiques contestables du CE d'EDF. Les gouvernements successifs ont préféré fermer les yeux.

L'équipe de Lionel Jospin a de bonnes raisons de ne pas mettre de l'ordre dans la gestion du comité d'entreprise d'EDF. Le parti communiste est l'une des composantes de sa majorité plurielle. Le gouvernement doit transposer en droit français la directive européenne sur l'ouverture des marchés de l'électricité. Le moment n'est pas très judicieux pour prendre la CGT de front. Avant la gauche, la droite n'avait guère été plus téméraire sur la question. Edouard Balladur et Alain Juppé, lorsqu'ils étaient Premiers ministres, avaient sur leur bureau les conclusions du rapport accablant de la Cour des comptes sur la gestion du CE. Ni l'un ni l'autre n'a demandé à ses conseillers d'envisager une réforme ou de revoir le mode de contrôle.

Dès 1946 et les premières heures de la nationalisation, l'alliance des communistes, de la CGT et du pouvoir politique s'est scellée sur le berceau d'EDF et de GDF. La France est à reconstruire. Le projet électrique est un des volets majeurs du développement du pays. Il s'agit du lancement du programme hydraulique français et de l'électrification des vallées. Le pari de la houille blanche. Les ingénieurs polytechniciens d'EDF et la CGT partagent la même vision productiviste. Puis le pacte conclu par les gaullistes et les communistes à la Libération est reconduit tacitement au moment du programme nucléaire. À la fin des années 1960, la CGT se rallie rapidement au choix du nucléaire. « Le temps, ironise un ancien du parti communiste, que Moscou donne son feu vert. Dans les sections locales, le discours a changé du jour au lendemain. Je me souviens d'avoir participé à des manifestations assez dures en Bretagne contre le projet de la centrale du Plogoff. Les Soviétiques, très opposés au nucléaire français, ont fini par s'en accommoder, le PCF aussi. La CGT n'a alors plus eu aucune retenue. » Côté CFDT, on considère que le syndicat a été récompensé par un recrutement largement cégétiste dans les centrales. Le soutien du syndicat majoritaire au nucléaire vaut bien quelques petites largesses de la direction.

Marcel Boiteux fut l'un des grands présidents de l'entreprise. Normalien, énarque, il est entré à EDF en 1949. En 1969, il en est devenu le directeur, puis le président de 1978 à 1987. Dans le bureau de l'avenue de Messine, à Paris, qu'EDF met toujours à sa disposition, l'homme qui a inventé le concept de « tarification au coût marginal » se souvient d'avoir toujours géré l'entreprise sous la contrainte du politique. Dans les années 1960, notamment quand l'inflation galopante est l'ennemi numéro un de la société française, le président de l'une des plus grandes entreprises publiques françaises a une mission cruciale : maîtriser les salaires. La rémunération des électriciens et des gaziers donne le *la* de la négociation salariale dans toute la fonction publique. Le patron d'EDF lâche une décimale de trop derrière la virgule et l'ensemble du secteur public français paye la note. Marcel Boiteux, grand commis de l'État, traite directement ces questions avec les équipes du Premier ministre. Il ne ressort jamais de Matignon sans s'être fait rappeler son second impératif, plus politique celui-là : éviter une grande grève de l'électricité qui rendrait le gouvernement impopulaire...

La hantise d'une France plongée dans le noir par des coupures d'électricité a habité tous les gouvernements. Les actions dures de la CGT au mois de juin 2004 montrent que la menace est réelle. Pourtant depuis 1987, les quatre syndicats principaux d'EDF, dont la CGT majoritaire, avaient renoncé à l'usage de cette arme redoutable. À la fin des années 1980, les actions de ce type avaient rendu les grévistes très impopulaires. De façon indirecte, l'électrification progressive des fours de boulangerie avait alors eu une influence décisive. Les boulangers en chômage technique avaient organisé une fronde largement médiatisée. Priver les Français d'électricité passe encore, mais de pain, non !

Bref, ce cahier des charges exigeant laisse peu d'espace à Marcel Boiteux pour s'occuper des œuvres sociales. Le CE est en outre en pleine période d'expansion, ses réalisations concrètes sont appréciées des agents. Un peu d'argent dérive vers des objets illégitimes ? La CGT verrouille progressivement tous les lieux de pouvoir par un clientélisme ostentatoire ? « On disait à l'époque que, pour bénéficier au mieux du CE, explique Marcel Boiteux en souriant, il était préférable d'appartenir à la CGT. » Une boutade circulait dans la maison, qui avait franchi la porte de son bureau : « Avec la carte CGT, vous partiez dans les Alpes, avec celle de FO dans les Pyrénées et avec la CFDT il fallait se contenter du Massif central. » Je n'ai jamais vérifié.

Aujourd'hui membre de l'Académie des sciences morales et politiques, Marcel Boiteux regarde sa carrière avec sagesse. Il considère que les temps ont également beaucoup changé et ce qui ne choquait pas il y a vingt ou trente ans est devenu scandaleux aujourd'hui. « Je me souviens, raconte-t-il, qu'un jour, en me penchant sur des tableaux d'effectifs, je me suis aperçu qu'EDF payait le chauffeur et la voiture du contrôleur d'État d'EDF. Ce n'était pas normal. Cette pratique aurait pu apparaître comme la volonté de l'entreprise de soudoyer le contrôleur. Tel n'était pas le cas puisque je l'ignorais. Personne n'a d'ailleurs su m'expliquer l'origine de cette faveur. Il s'agissait d'un petit arrangement pour soulager les finances de l'État [1]. »

Le président Edmond Alphandéry, qui a occupé le fauteuil de Marcel Boiteux entre 1995 et 1998, a une analyse plus tranchée : « Le président d'EDF qui aurait voulu attaquer les œuvres sociales aurait été considéré comme un énorme maladroit. Et l'idée ne m'a pas effleuré quand je suis arrivé à la présidence. Même si je n'avais pas eu une confiance aveugle dans les œuvres sociales je n'y aurais jamais touché, avoue-t-il, non sans humour. Agiter le chiffon rouge des œuvres sociales supposerait que deux conditions soient réunies : une volonté politique (et non le consensus de la droite et de la gauche qui a toujours régné sur ce sujet) et un intérêt de la direction à remettre en cause ce système [2]. »

Edmond Alphandéry connaît pourtant bien la question. Cet ancien ministre des Finances n'avait-il pas, en tant que député, interrogé le gouvernement sur la gestion des œuvres sociales ? Comme tous les parlementaires qui se sont aventurés sur le sujet, il a reçu une réponse laconique du gouvernement en place. L'ex-député RPR, Georges Tranchant, aujourd'hui à la tête d'un groupe de casinos, a gardé lui aussi un souvenir cuisant du jour où il a osé présenter un texte de loi contre le 1 % – le député estimait que la hausse considérable du chiffre d'affaires d'EDF imposait une

1. Entretien du 16 juillet 2004.
2. Entretien du 11 mars 2004.

réforme du 1 %. Tandis que le gouvernement en place esquivait le débat, dans la rue les militants scandaient « À mort Tranchant ! » et quelques agents bienveillants avaient coupé le courant dans une de ses maisons de campagne.

La direction de l'entreprise, par souci de saine gestion, aurait pu être tentée de se pencher sur le dossier. Au moins lorsqu'elle « achète » un service au CE. Chaque année EDF verse en effet une participation de 20 millions d'euros pour les repas des agents servis dans les cantines de la Caisse centrale des activités sociales. Mais il faut croire que l'enjeu financier n'a jamais été suffisamment important pour qu'elle s'y résolve. EDF n'a en outre aucune responsabilité juridique sur la gestion des comptes des œuvres sociales. « C'est certes une bizarrerie, reconnaît le responsable des ressources humaines d'EDF, Yan Laroche. Il s'agissait sans doute à la Libération d'affranchir les syndicats de la tutelle de la direction. La nation, les parlementaires, peuvent considérer que cette règle doit changer mais certainement pas l'entreprise. »

L'influence du politique sur la gestion des œuvres sociales est indéniable, les directions et présidences successives s'en sont accommodées dans leurs relations avec les syndicats. Mais l'emprise des politiques et de la politique sur cette entreprise déborde largement le champ syndical. La culture du service de l'État y est aussi forte que celle du service public. Ainsi, les pouvoirs publics ont toujours considéré que l'établissement public et commercial EDF était à leur disposition. À tel point que les agents n'hésitent pas à appeler leur entreprise, le ministère de l'électricité. Les politiques ont d'autant moins de difficultés à être entendus que, depuis une dizaine d'années, ils ont toujours placé à la tête de l'entreprise des présidents qui leur étaient acquis. François Mitterrand est le premier à avoir inauguré ce qui allait devenir une tradition en offrant le poste de président d'EDF à l'un de ses plus fidèles lieutenants, Gilles Ménage. Les directions d'EDF ont toujours été soumises au pouvoir politique. Le préfet de quarante-huit ans, sans aucune expérience du monde de l'entreprise en général et de l'électricité en particulier, est l'affichage décomplexé de cette ascendance. Un tract de la CFDT de l'époque déplore : « La présidence d'EDF mérite mieux qu'un placement politicien. » Lorsqu'il a quitté ses fonctions, en 1995, au gré d'une alternance, Gilles Ménage a convié ses collaborateurs à un verre de l'amitié. Matois, il leur a lancé : «Vous ne m'avez pas aimé mais vous me regretterez. Des hommes politiques vous en verrez d'autres défiler dans ce fauteuil. Le pli est pris. »

Ce toast de l'amitié était prophétique puisque c'est Edmond Alphandéry, ancien ministre de l'Économie et des Finances d'Edouard Balladur, qui lui succède. Les cadres maison ont essayé de le débarquer. Une dizaine d'entre eux, tous membres de la direction générale, ont envoyé une lettre à Matignon pour obtenir sa tête. Dans la bataille, le poste de directeur général traditionnellement réservé à un homme du cru a été supprimé. Edmond Alphandéry a été remercié, mais pour être remplacé par François Roussely. Sans doute le plus politique de tous.

Avoir des hommes de confiance à la tête d'EDF permet aussi aux politiques d'avoir la main sur la rente électrique et gazière.

La formule du président Delaporte résonne encore dans les couloirs d'EDF : « Lorsque je vais voir ces messieurs les fonctionnaires du ministère des Finances, je compte mes doigts en quittant leurs bureaux. J'ai toujours peur qu'ils m'en aient pris quelques-uns en me serrant la main. » Prédécesseur de Gilles Ménage à la tête d'EDF, Pierre Delaporte, l'un des patrons préférés des agents, a dirigé l'entreprise entre 1987 et 1992. Il est l'un des derniers présidents issus du sérail. Amateur de bons mots, il se plaignait souvent auprès de ses collaborateurs des exigences de l'État envers son entreprise. « EDF, c'est la vache à lait de la France, ironise un ancien directeur général, tout le monde s'est servi. » Le président Ménage [1] se souvient encore du coup de téléphone qu'il a reçu un soir de Matignon. Le directeur de cabinet d'Edouard Balladur, alors Premier ministre, lui annonçait sans détour : « Nous allons vous piquer l'énergie produite par les barrages sur le Rhône pour le donner à la compagnie privée Électrabel ». La manœuvre était purement politique. Il s'agissait de trouver des sous pour financer la construction du canal Rhin-Rhône. « Je savais très bien que je n'avais aucune marge de manœuvre pour refuser mais que c'était une très mauvaise opération pour EDF », raconte Gilles Ménage. Le lendemain, il rappelle Matignon et propose un deal au collaborateur de Balladur : « Je vous finance votre canal mais je garde mes barrages hydrauliques. »

L'homme lige de Mitterrand avait vite compris le pouvoir du politique sur cette maison. « La gestion politique de ce type d'entreprise est inévitable, analyse-t-il encore plusieurs années après avoir quitté son fauteuil de président, elle est de toute façon préférable à celle de la technostructure ». À l'heure de l'ouverture du capital, à l'été 2004, lorsque le temps est venu de soupeser la corbeille de la mariée, il faut pourtant bien admettre une

1. Entretien du 13 mai 2004.

évidence : cela fait vingt-deux ans que l'État n'a pas mis un centime de franc ou d'euro au panier. Lorsqu'il fallut relancer l'emploi en 1982 pendant les premières années de l'arrivée des socialistes au pouvoir, Pierre Bérégovoy a demandé à son ancienne maison – il y avait commencé une carrière d'électricien – de recruter 10 000 agents. Plus récemment, lors du passage à 35 heures, ce sont 18 000 embauches supplémentaires – un accroissement de 8,5 % de la masse salariale au cours des deux ans qui ont suivi – qu'EDF a dû absorber sans ciller. En février 1999, François Roussely, le tout nouveau président du groupe, n'a eu d'autre choix que d'avaliser cet accord de réduction du temps de travail en or massif avec seulement 9 000 départs anticipés. À l'époque, les sureffectifs dans le groupe étaient pourtant déjà évalués entre 15 % et 20 %. Mais la relance de l'emploi vaut bien quelques sacrifices !

Les gouvernements de droite comme de gauche se sont en outre toujours servis d'EDF comme d'une agence de recrutement et de reclassement pour les conseillers de leurs cabinets ministériels.

La firme a rémunéré une cinquantaine de salariés embauchés en fait dans différents cabinets ministériels, principalement aux ministères de l'Industrie et des Finances, à Matignon et à l'Élysée, mais aussi au secrétariat d'État aux DOM-TOM. Une tradition. « La plupart du temps, le ministre appelait et me demandait d'embaucher telle ou telle personne qui travaillait déjà pour lui mais qu'il n'avait pas les moyens de payer », se souvient un ancien président. Les périodes d'alternance avaient des effets inflationnistes : les nouveaux ministres étoffaient leurs équipes, les sortants souhaitaient recaser leurs poulains les plus méritants. D'autres demandaient à EDF de jeter un regard bienveillant sur le CV d'un de leurs proches. « Ce n'est pas illégal et ces emplois n'ont rien de fictif, raconte un ancien DRH, ces pistonnés deviennent généralement d'excellents agents. Mais il est vrai que depuis les ex-Mmes Jospin et Strauss-Kahn jusqu'aux fils et filles de Jean-Claude Gayssot, Georges Séguy et Henri Krasucki, notre registre du personnel est très people. »

Jean-Louis Jolliot, qui a terminé sa carrière chez EDF en mai 2004 comme inspecteur général, a fait le ménage dans ces pratiques à la fin des années 1990 alors qu'il était le secrétaire général de l'entreprise. À l'époque, il se souvient que les deux entreprises EDF et GDF comptaient 850 détachés dans de grandes administrations ou associations. Quelque 80 cadres étaient envoyés dans les seules DRIRE (Directions régionales de l'industrie de la recherche et de l'équipement) qui remboursaient plus ou moins les salaires de ces ingénieurs et techniciens de haut vol. Ces « amadoués » (agents mis à disposition d'un organisme extérieur) ne sont normalement tolérés que dans le cadre d'opérations de mécénat ou dans des associations à but humanitaire. Les petits arrangements ne sont pas totalement abandonnés pour autant. À la fin du gouvernement Jospin, plusieurs membres de cabinet ont trouvé opportunément une place de cadre dans l'entreprise.

Les hommes politiques ont aussi pris l'habitude de demander des petits services à la bien nommée fée électricité. Les comptes de l'entreprise font ainsi apparaître au milieu des années 1990 le paiement de sommes importantes – 318 342 francs en 1994, 272 625 francs en 1995 et 428 130 francs en 1996 – à la société anonyme « DSK consultant ». Des documents établissent les travaux de Dominique Strauss-Kahn en Allemagne et au Maroc. Mais ils ne suffisent visiblement pas à convaincre le magistrat de la Cour de la consistance du contrat passé entre l'homme politique et l'entreprise publique. « On ne peut que souligner l'insuffisance des termes du contrat d'origine, qui ne donne aucune indication sur le contenu de la prestation assurée par la société DSK Consultants [...]. On notera que les sommes indiquées sous forme de frais n'ont pas de justificatifs... », assène-t-il. La justice s'est elle aussi penchée sur ces contrats de lobbying mais l'affaire a été classée. L'ancien ministre n'est donc coupable d'aucun délit.

L'entreprise semble toutefois coutumière de ces petits coups de pouce controversés au monde politique de gauche comme de droite.

Dans les années 1980, EDF étudie de près la réalisation de poteaux et pylônes électriques transparents « dans un but esthétique ». L'entreprise a été convaincue de l'intérêt de ces recherches par André Giraud, qui avait été ministre de l'Industrie jusqu'en 1981. Elle signe un contrat avec lui en 1983. En 1986, André Giraud devient ministre de la Défense. Les travaux sont suspendus pour reprendre en 1989. En 1992, la Cogidev, société présidée par l'ancien ministre, emporte un contrat de 2 millions de francs pour « l'étude de l'intégration esthétique de supports transparents dans différents environnements ». Le but est de soumettre des maquettes à un jury. La deuxième phase du projet se poursuit en 1994, avec une nouvelle commande de 2 millions de francs, alors que le texte même de la convention stipule : « L'effort entrepris par EDF depuis deux ans pour enterrer les lignes moyenne tension et passer la basse tension en façade d'immeuble ou en souterrain réduit à néant le marché immédiat des supports en verre. » Le décès d'André Giraud en 1997 met finalement un terme à ces recherches. Mais la conclusion de la Cour des comptes est sans appel : « Le montant [1] peut évidemment apparaître modeste pour EDF, mais il n'y a pas de doute qu'une personne ne disposant pas des relations privilégiées que donne la position d'un ancien ministre de l'Industrie et de la Défense n'aurait pu obtenir la signature d'un tel contrat qui s'analyse comme une dépense inutile pour EDF. »

La « générosité » d'EDF se mesure également dans sa gestion du mécénat. On glose dans les salons sur le subit intérêt d'EDF pour les Mongols et les expositions chinoises, un sujet cher au président Jacques Chirac. Plusieurs anciens présidents se souviennent des multiples sollicitations dont ils étaient l'objet. « Il ne s'agit bien évidemment jamais d'ordres, raconte l'un d'entre eux, mais de souhaits exprimés au détour d'une phrase pour sponsoriser tel bateau ou telle association. En fonction de la personne qui vous le demande, il n'est pas toujours possible de refuser. Pendant ma présidence, je me suis en tout cas efforcé de dire non chaque fois que l'objet de la requête était trop éloigné de l'éthique et de l'image de la maison. »

François Roussely a bien compris l'enjeu que représentent la Fondation EDF et sa cassette de quelque 15 millions d'euros. Il a soufflé le titre de président de la Fondation EDF à Marcel Boiteux qui en avait hérité au moment de son départ à la retraite. L'ensemble du budget a été centralisé et confié à l'homme de confiance de François Roussely, son directeur de cabinet, Cédric Lévandowsky, homme de l'ombre, ce Lyonnais tire les ficelles de la maison pour son patron.

1. 4 millions de francs.

15

Les privilèges des dirigeants d'EDF

Dans son vaste bureau de la rue Jacques-Ibert, aux abords de Levallois-Perret, Gilles Ménage a accroché dans la pièce les photographies des grands événements de sa vie politique. Ici, François Mitterrand descend les Champs-Élysées sur un char de l'armée française. Là, Gilles Ménage, à la tête d'EDF entre 1992 et 1995, est entouré de fidèles amis parmi lesquels Pierre Joxe, ancien ministre de l'Intérieur et François Roussely. Gilles Ménage, comme tous les autres anciens présidents et directeurs généraux de l'entreprise – restés au moins deux ans en fonction –, bénéficie d'une assistante, d'une voiture et de locaux offerts par son ancienne entreprise. Il a même conservé jusqu'à la fin des années 1990 son appartement de fonction dans les beaux quartiers parisiens ; logement qu'il a dû abandonner dans le cadre d'un vaste plan d'assainissement de la politique de logement des cadres dirigeants. Pour se consoler, l'ancien directeur de cabinet de Mitterrand a toutefois pu garder l'avantage du tarif électrique réservé aux agents et facturé 4 centimes du kWh, moins de 10 % du prix public. Plus fort : il a gardé son salaire jusqu'au 1er décembre 1997. Au passage, il a obtenu en

1996 une coquette augmentation. Les ministres des Finances successifs, l'UDF Jean Arthuis, et le socialiste Dominique Strauss-Khan lui ont opportunément confié des missions, rémunérées par EDF sur les bases de son ancien salaire... À la ville, Gilles Ménage n'assure plus aucune fonction chez EDF. Il occupe depuis 2000 le poste de directeur général de l'Institut François-Mitterrand situé dans le 9e arrondissement.

Certes, les agents d'EDF disposent d'avantages et d'un statut hors du commun, mais les quelque 3 000 cadres dirigeants de l'entreprise ne sont pas en reste. Entre 1992 et 1998, la Cour des comptes s'est penchée sur la question. En 2000, les observations qu'elle en a tirées montrent que pour pallier les contraintes du secteur public (petits salaires, outils de rémunérations limitées, perspectives de carrière), la technostructure a mis en place toute une série de petits arrangements qui débordent souvent les limites de la légalité. Ce document révèle également que la puissante entreprise, soumise par les textes à de multiples contrôles de l'État, n'est en réalité guère plus surveillée que son comité d'entreprise. Seul le prérapport de la Cour, en principe confidentiel, fait état de certaines critiques ciblées sur les très hauts cadres de l'entreprise, nominativement. Le rapport définitif, adressé aux parlementaires, après réponse des intéressés, ne traite pas des cas personnels et se contente de critiques plus générales. Le petit imprimé à part, dans lequel plusieurs hauts dirigeants de l'entreprise se font épingler par la Cour a toutefois circulé dans les milieux autorisés... Paradoxalement, ce géant mondial de l'énergie est gouverné comme une administration purement franco-française. L'opulence dans laquelle a vécu l'entreprise pendant plusieurs décennies ne l'a pas aidée à combattre ses travers et n'a manifestement pas poussé ses dirigeants à la rigueur.

En 1992, le prédécesseur de Gilles Ménage, Pierre Delaporte, « troque » le chauffeur auquel il peut prétendre en tant qu'ancien président contre la conservation de son appartement parisien. Jean Bergougnoux, directeur général d'EDF à partir de 1987, devient président de la SNCF le 7 mai 1994. Il reste à la tête de l'entreprise ferroviaire jusqu'au 21 décembre 1995. Pendant cette période, il est toujours rémunéré par EDF et continue d'acquérir ses droits à la généreuse retraite des industries électriques et gazières avec la bénédiction de Bercy. Le chef du service des affaires sociales pour le secteur de l'énergie à Bercy donne son accord pour « le maintien d'un contrat de travail entre Jean Bergougnoux et EDF afin que celui-ci puisse être mis à disposition de la SNCF ». Puis la SNCF rembourse les salaires versés par EDF.

Cette situation exceptionnelle permet en outre à l'ancien dirigeant de « retourner » chez EDF lorsqu'il quitte la SNCF. Pourtant, l'ancien directeur général ne reparaît pas dans l'annuaire de la maison. Il est chargé de missions confiées l'une par le ministre de l'Industrie, l'autre par Edmond Alphandéry, alors président de l'entreprise. Ce dernier, interrogé par la Cour des comptes sur cette étonnante pratique, explique pudiquement qu'il n'a « rien obtenu d'autre » (*sic*) qu'« une note de quelques pages en fait de travaux sur la préparation de l'entreprise à la transposition de la directive européenne ». La conclusion de la Cour des comptes est assassine : « En fait, cet ancien directeur général a bénéficié d'une rémunération nettement plus élevée à compter du jour où il a quasiment cessé d'assurer de véritables prestations à EDF. » Pour couronner le tout, l'agent statutaire Bergougnoux exerce parallèlement des activités de consultant fort rémunératrices !

Le cas le plus litigieux reste celui de Pierre Daurès. À tel point que le départ de l'ancien directeur général en 1998 donne lieu à l'ouverture d'une information judiciaire pour prise illégale d'intérêt. La démission de Pierre Daurès intervient dans un climat particulièrement houleux. Il est engagé dans une guerre parricide avec son président, Edmond Alphandéry dont les rebondissements nourrissent la presse. Après des mois de valses hésitations, le gouvernement Jospin décide de se séparer des deux hommes.

François Roussely succède à Alphandéry et organise la sortie de Pierre Daurès. Dans des conditions très spéciales. Les deux hommes concluent un accord dont personne ne doit prendre connaissance : « Les stipulations de la présente transaction sont strictement confidentielles et chacune des deux parties s'engage à n'en divulguer le contenu à quiconque, à l'exception de l'administration fiscale ou des institutions en charge du recouvrement des cotisations sociales, sur réquisition expresse de celles-ci », explique la convention au terme de laquelle Pierre Daurès touche une indemnité de 750 000 euros – 450 000 euros au titre du « préjudice moral » et 300 000 euros pour « préjudice financier ». Après trente-trois ans de maison, la somme peut paraître dérisoire comparée aux « parachutes dorés » accordés par les entreprises privées. Mais, là encore, EDF contrevient, aux usages des entreprises publiques. D'autant que le préjudice financier est difficile à invoquer dans ce cas précis. Pierre Daurès entre chez Bouygues dans la foulée, ce que, selon la Cour des comptes, EDF ne peut ignorer au moment de la transaction. Cette reconversion pose un autre problème qui n'a pas manqué d'intéresser la justice : l'ancien directeur général n'est-il pas tenu de respecter le délai de cinq ans avant de rentrer chez l'un des gros clients et fournisseurs de son ex-employeur ? « Je considère que je n'ai pas enfreint la loi », se défend Pierre Daurès

L'analyse des comptes a par ailleurs dévoilé un certain laxisme, quand ce n'est pas de la légèreté, dans la passation des contrats : que dire par exemple de ce directeur général qui commande à une société de lobbying une étude sur sa propre image à l'intérieur de l'entreprise ? L'un des administrateurs de l'entreprise de conseil sollicitée est en outre... un ancien président de la maison. Coût de l'opération : 30 400 euros pour une campagne de six mois. Le « sondage » est renouvelé deux fois. Pour la Cour des comptes, cet épisode illustre un « manque de rigueur des dirigeants d'EDF : une absence de suivi [...] des relations contractuelles avec une société [...] aux prestations à la fois peu utiles et critiquables tant sur la forme que sur le fond, un manque de déontologie ».

Un audit commandé par François Roussely a montré que « la spécificité de l'achat de conseil semble donner le droit d'échapper à toutes les règles du processus d'achat, qu'il s'agisse de la définition du besoin souvent imprécise, de la mise en concurrence rarement effective, du formalisme peu élaboré de la commande, etc. [...] ». L'affaire ne date pas d'hier. Avant François Roussely, Edmond Alphandéry s'était déjà inquiété du nombre et de la nature des contrats de consultants. Les dépenses d'EDF ont en effet doublé de 1995 à 1998, passant en comptabilité générale de 80 millions d'euros à 175.

L'étude des fournisseurs d'EDF lève également un coin du voile sur quelques pratiques contestables.

Au cours de ses investigations, la Cour des comptes a établi que les présidents et directeurs généraux ne sont pas les seuls à obtenir ce que chez les ouvriers on appelle communément des « petites grattes ». Ainsi, 22 cadres de très haut niveau bénéficient de prêts d'un montant total de 7 millions d'euros. Contractés pour la plupart en 1999, ils se terminent entre 2005 et 2017. Officiellement, ces transactions ont pour objet de permettre aux dirigeants de se loger. Ces petits coups de pouce immobiliers sont attribués dans la plus grande discrétion à une poignée de chanceux. Le système est si peu transparent que le chef du service de comptabilité demande aux bénéficiaires en cas de remboursement anticipé du prêt, des chèques de banque « non pas par crainte d'un défaut de provisions, mais pour que le personnel ne prenne pas connaissance de tels mouvements de fond », analyse le magistrat de la Cour des comptes.

« C'était tout un monde, explique un ancien dirigeant d'EDF. Pendant longtemps la combine a tenu lieu de seule règle générale... Certains directeurs faisaient entièrement refaire leur appartement aux frais de la princesse. Les épouses rivalisaient d'ingéniosité pour dénicher tentures de soie et paille chinoise. Coût moyen de l'opération : 15 000 euros le rafraîchissement. D'autres agents oubliaient systématiquement de rendre les clefs au moment de leur départ en retraite... » Pas moins de 15 000 logements – un millier à Paris en 2002 et 2003 – de cadres appartenant à EDF ont ainsi été progressivement remis sur le marché à travers la France – et l'opération n'est pas terminée. Jean-Louis Joliot [1], ancien secrétaire général d'EDF, surnommé « Léon » pour ses qualités de « nettoyeur », indique avoir reçu les

1. Entretien des 24 mai et 9 juin 2004.

uns après les autres près de 300 cadres pour leur expliquer les nouvelles règles du jeu et négocier leur retour sur le droit chemin. Il chiffre à quelque 100 millions d'euros le coût annuel de l'assainissement. À l'origine, le « bonus » logement correspondait à un besoin de l'entreprise. L'ensemble des agents est d'ailleurs susceptible d'obtenir un appartement ou une maison appartenant au parc immobilier de l'entreprise. Le loyer est généralement évalué pour correspondre à 15 % du salaire de l'employé.

Les cadres d'EDF étaient soumis à une mobilité peu commune. Il n'était pas rare qu'ils déménagent entre sept et dix fois au cours de leur carrière. L'entreprise a estimé naturel de les aider à se loger afin de faire oublier cette contrainte. Mais la mécanique s'est emballée. Depuis le début des années 1990, le système a été officiellement rationalisé. Les cadres reçoivent une prime de 1800 euros pour se loger pendant cinq ans. Cette somme diminue ensuite progressivement pour disparaître au bout de huit ans. Mais dans les couloirs de la maison, on susurre que quelques apparatchiks font de la résistance et ont conservé leur pré-carré.

Le « tarif agent » est un autre de ces privilèges historiques, hérités de temps meilleurs. Cet avantage en nature, semblable à celui de l'apprenti boulanger qui repart le soir avec sa baguette, est souvent détourné de l'esprit d'origine. Il est même devenu injuste, car le système ne présente aucun garde-fou. Le tarif a été établi en 1951 au taux de 0,6 centime d'euro par kilowatt-heure TTC pour l'électricité et de 0,17 à 0,24 centime le kilowatt-heure pour le gaz, après une première tranche de gratuité totale. Il devait être indexé mais ne l'a jamais été : le prix en vigueur aujourd'hui est encore celui de 1951. Il s'applique aussi bien aux résidences principales, secondaires, maisons ou appartements de villégiature occasionnels qu'aux propriétés du conjoint ou concubin. Les heureux propriétaires de manoirs de vingt-cinq chambres dans la Nièvre avec piscine chauffée et... jacuzzi, avec pied-à-terre de plusieurs centaines de mètres carrés à Paris sont les grands bénéficiaires de cet arrangement. Les retraités et leurs familles conservent évidemment leur tarif préférentiel. « On n'imagine pas le nombre d'anciens salariés qui se piquent de faire pousser des plants de tomates en Alsace, ironise un ancien cadre : au prix où ils payent l'électricité, ils s'ingénient à trouver des systèmes de chauffage performants. » Le coût pour EDF est de plus en plus lourd. Il est évalué au bas mot à 230 millions d'euros pour les seuls électriciens de la maison, mais l'ensemble des salariés de la branche y ont également droit.

Cet avantage en nature est doublé d'un bonus fiscal. Le « cadeau » d'EDF pour un couple d'agents habitant une maison de ville avec chauffage central au gaz avoisine les 1 400 euros par an. Ce couple ne devra pourtant réintégrer dans ses revenus imposables que 330 euros – un forfait. Conséquence : plus de 1 000 euros échappent à l'impôt sur le revenu.

Ce tarif agent reste l'une des mesures les plus controversées dans l'opinion publique. En 2001, 1,2 million de personnes ont répondu au questionnaire qu'EDF a envoyé à ses clients. Une partie non négligeable (7 %) a ajouté ses propres commentaires. Plus du tiers de ces commentaires libres critiquaient le maintien de « privilèges » mal compris par les clients. Par ailleurs de nombreux parlementaires ont demandé la remise à plat de ce tarif préférentiel. En vain.

Le système s'emballe tout à fait lorsque l'avantage est proposé à des personnes qui n'y ont aucun droit. Les comptes de l'entreprise laissent apparaître en 2000, 3500 « autres bénéficiaires ». Il s'agit, pêle-mêle, de médecins EDF-GDF, mais aussi de certains responsables de la DIGEC, le service de Bercy alors en charge d'EDF, du comité d'entreprise et des caisses mutuelles... Les fonctionnaires de Bercy, garants de la bonne gestion de l'entreprise pour les Français, n'ont renoncé officiellement qu'après à cette faveur.

Pis, l'entreprise n'« identifie pas », selon son expression pudique, un millier de personnes dans le lot. Loïk Le Floch-Prigent figure par ailleurs encore sur cette liste de VIP, en tant qu'ancien dirigeant de GDF. « Force est de constater qu'EDF a bien du mal à établir l'état exact des bénéficiaires de ses faveurs [...], assène la Cour. Le flou prévalant aux modalités d'attribution en est probablement une des raisons... » En 2000, les administrateurs d'EDF qui ne siègent que quelques jours par an à EDF ont tous vu leur facture s'alléger considérablement au moment de leur entrée au conseil d'administration. Un seul échappe à la règle. Et pour cause. Il réside en Allemagne.

16

La culture du secret

Ce contrôleur d'EDF n'en est pas à son premier audit. Pourtant, il s'arrache toujours les cheveux pour obtenir les renseignements qu'il souhaite. « La tactique de mes interlocuteurs, c'est de mettre le plus de temps possible à me répondre », tempête ce petit homme pugnace. Pour se procurer certains documents, il en est réduit à user de stratagèmes détournés : il lui est arrivé de présenter à la direction des photocopies d'originaux fournies par une « taupe » de la maison... « Impossible de comprendre l'organisation complexe de cette entreprise particulière, ajoute le contrôleur. L'entreprise est d'ailleurs très avare en organigramme : elle ne m'en a jamais donné. Pour savoir qui fait quoi, qui est responsable de quoi, il faut que je puisse me brancher, sur place, sur le réseau interne à partir d'un ordinateur de la maison... »

Les dérives apparentes du comité d'entreprise n'ont en effet pas prospéré sur un terrain neutre. Si la Caisse centrale des activités sociales a pu fonctionner depuis plus de cinquante ans dans la plus grande opacité, c'est que la maison mère elle-même semble entretenir la culture du secret et, elle aussi, quelques pratiques litigieuses.

Les réticences manifestes d'EDF au contrôle résonnent encore à la CRE, la commission de régulation de l'énergie. Le lendemain de notre arrivée, relate Pascal Saint Amand, ancien directeur financier de l'organisme, des instructions ont circulé pour qu'aucune information ne nous soit donnée sans l'avis du comité exécutif. Pourtant nous étions à peine trois de la commission – plus les personnes d'un cabinet d'audit. Mais ils avaient peur du régulateur. La culture de l'opacité est une culture bien ancrée dans la maison. Un peu de concurrence va peut-être pousser à plus de transparence [1]... ».

Cette « culture de l'opacité » a prospéré dans l'entreprise publique en même temps que le nucléaire. Le choix du nucléaire a été fait alors même qu'un grand nombre de questions tenant à l'avenir, comme le traitement des déchets, n'étaient pas réglées. Les centrales nucléaires se sont multipliées sans débat dans l'opinion publique et avec le soutien des gouvernements de tous bords, au moment où certains de nos voisins européens faisaient d'autres arbitrages. « Et pourtant les deux chocs pétroliers des années 1970 ont donné raison, *a posteriori*, à ces choix politiques. Cela a légitimé, en quelque sorte, la culture du secret de l'entreprise », analyse un spécialiste d'EDF.

Opaque, l'entreprise l'est le plus souvent à l'égard de l'administration dont elle dépend, mais parfois même vis-à-vis de son président. Dans le système de gouvernance bicéphale – le directeur général et le président, on l'a vu, tirent tous les deux leur légitimité de leur nomination en conseil des ministres – qui a perduré jusqu'à l'arrivée de François Roussely, le directeur général concentre le pouvoir effectif entre ses mains et protège,

1. Entretien du 1er avril 2004.

en dessous de lui, la technostructure dont il est le plus souvent issu.

Les députés chargés d'enquêter sur la gestion des entreprises publiques dans le cadre d'une commission présidée par Philippe Douste-Blazy ont recueilli plusieurs témoignages croustillants qui en disent long sur la culture EDF.

Les parlementaires se souviennent notamment de leur étonnement en découvrant, au cours d'un entretien avec le directeur du Trésor, comment, pour des investissements de grande ampleur, l'État actionnaire a souvent été mis devant le fait accompli – quand ses directives n'ont pas été carrément outrepassées.

La prise de contrôle très critiquée d'Edenor, en Argentine par exemple : elle a été réalisée au printemps 2001 alors que la situation financière et politique du pays était déjà préoccupante. « Le Trésor a alors fait savoir qu'il fallait attendre avant de réaliser cet investissement, raconte Jean-Pierre Jouyet, directeur du Trésor de l'époque. Je tiens d'ailleurs à la disposition de la commission les annotations que j'avais faites sur le projet. Le Trésor a donc indiqué qu'il fallait attendre que la situation soit stabilisée, mais son avis n'a pas été suivi. »

Même procédé cavalier pour l'investissement dans Montedison, en Italie. « En ce qui concerne l'Italie, qui représente aujourd'hui un engagement hors bilan de 5 milliards, Nicolas Jachiet[1] et moi-même étions ensemble le soir où nous avons appris, *a posteriori*, la prise de participation d'EDF dans Montedison, reprend Jean-Pierre Jouyet... Hé oui, *a posteriori* ! » Nicolas

1. Ancien chef du service des participations au ministère des Finances.

Jachiet enchaîne : « Un jour de mai 2001, le directeur financier d'EDF m'a dit : « Ce soir, nous aurons réuni 11 % de Montedison que nous achetons depuis quinze jours... » » Les arguments du Trésor n'y ont rien fait. Pas plus que les réticences de Bercy, qui craignait les réactions de la Commission européenne et des partenaires européens de la France. Et les remarques du ministre de l'Économie Laurent Fabius, lui-même, sont restées lettre morte.

François Roussely n'est pas le seul patron à avoir outrepassé les consignes de l'État actionnaire. Avant lui, toute une lignée de présidents ou de directeurs généraux ont entretenu cette tradition de l'indépendance et du secret, en bafouant l'autorité de la tutelle. Ce comportement est paradoxal, le patron d'EDF compensant une grande servilité à l'égard de la politique par une relative indépendance quant à la gestion.

En 1994, Edmond Alphandéry, lorsqu'il était ministre de l'Économie, autorisait par lettre EDF à engager 600 millions de francs dans Saur International, sous certaines conditions – Saur ne devait, par exemple, pas investir dans l'eau. « En 1997, après être devenu président d'EDF, raconte Edmond Alphandéry, j'ai voulu savoir ce qu'il en était, parce qu'on me demandait d'investir davantage dans cette société. J'ai demandé à EDF de rechercher le dossier. Or le dossier est resté introuvable, comme la lettre que j'avais envoyée en qualité de ministre, de même que la réponse du président de l'époque ! poursuit l'ancien ministre devant les députés. J'ai quant à moi retrouvé dans mes archives la réponse que M. Ménage m'avait adressée. J'ai fait procéder à une enquête approfondie. Beaucoup des conditions que j'avais émises n'avaient pas été respectées. »

EDF mérite bien sa réputation d'« État dans l'État ». L'entreprise la plus aimée des Français est prête à tout pour conserver le pouvoir. La technostructure d'EDF n'aime pas rendre des comptes.

En 1996, elle a écarté l'allié allemand Siemens de la conquête du marché chinois – le dernier grand chantier nucléaire au monde. Et ceci bien que Framatome – avec qui travaille EDF – et Siemens se soient engagés, en 1989, à prospecter ce marché ensemble. Ce n'est que fortuitement qu'Edmond Alphandéry, alors président de l'entreprise, apprendra la chose, via son homologue à la tête de Framatome, raconte l'ancien président d'EDF. Le patron de Framatome s'inquiète en effet, dit-il, des conséquences de cette affaire sur la poursuite du projet EPR (réacteur nucléaire du futur), qu'il comptait développer en partenariat avec... Siemens.

L'hermétisme de cette entreprise est encore favorisé par les puissants réseaux qu'elle héberge – les X, les francs-maçons, les cégétistes... Ne rentre pas qui veut dans le système EDF. « Même après quinze ans de maison, je me sens encore étranger au système. Ici, il faut rentrer très jeune pour être adopté dans la maison », confie Christian Stoffaës [1], pourtant cadre de direction (et professeur à l'université Paris-Dauphine), installé dans le prestigieux bureau de Pierre Daurès, l'un des anciens directeurs généraux.

C'est dire si, malgré les titres, les greffes sont difficiles à prendre chez EDF. L'affaire Edmond Alphandéry est un cas typique de rejet par l'entreprise. L'ancien ministre des Finances, homme issu du sérail politique, n'a jamais été accepté par les cadres dirigeants qui ont été jusqu'à signer une pétition publique

1. Entretien du 1er mars 2004.

contre leur président – le texte envoyé au ministre de l'Économie de l'époque, Dominique Strauss-Kahn, a fait la une du *Monde* ! Un directeur général et son équipe exigeant publiquement le débarquement de leur président pourtant nommé en conseil des ministres : l'épisode, absolument inédit dans les annales des entreprises publiques françaises, laisse encore perplexes tous ceux, dans les services de l'État, qui travaillent avec EDF. Un ancien dirigeant de l'entreprise ironise : « On se demande si c'est l'État qui a la tutelle sur EDF ou le contraire. » Le siège de président d'Edmond Alphandéry n'a pas pu résister à ces assauts : le gouvernement Jospin a fini par trancher le conflit en coupant deux têtes à la fois, celle d'Alphandéry et celle de Daurès, pour les remplacer par un seul homme, François Roussely, qui a obtenu la concentration des pouvoirs que se disputaient ses deux prédécesseurs. Ce conflit ne contribue pas à la grandeur de l'entreprise. Il a laissé des traces jusque dans les archives judiciaires : la police a enquêté sans succès sur des menaces de mort à connotation antisémite visant Edmond Alphandéry. « La valise ou le cercueil », stipulait la lettre surmontée d'une étoile juive, parvenue au 32 avenue Marceau à Paris, dans une enveloppe d'EDF.

De tels dérapages ne seraient pas possibles si EDF n'était pas tout entière imprégnée d'une culture de caste, d'une tradition du secret et de l'omerta ancrée à tous les niveaux...

« EDF c'est un modèle de très forte cohésion, comme on en a peu connu, raconte Edmond Alphandéry lui-même. Avec un très fort esprit d'entreprise, un patriotisme d'entreprise. Il y a une sorte de microclimat. » Denis Cohen, patron de la fédération CGT Énergie pendant plus de quinze ans raconte : « Je connaissais mon statut avant même d'obtenir mon premier poste !

Comme beaucoup, je suis sorti des écoles EDF déjà imprégné de la culture [1]. »

Confiscation du pouvoir entre quelques mains, culture de l'opacité, réticences au contrôle, défiance à l'égard de la tutelle... On retrouve au sein d'EDF les mêmes ingrédients, le même terreau que dans son comité d'entreprise. Pas étonnant d'ailleurs. La CCAS n'est que l'émanation de sa maison mère. Les acteurs principaux sont les mêmes : si la CGT a pu garder la mainmise sur le comité d'entreprise, c'est bien parce qu'elle affiche plus de 50 % des voix chez EDF à chaque élection, et cela depuis près de cinquante ans. Nombre d'observateurs décrivent d'ailleurs EDF tout entière comme une entreprise « soviétique ». Les jeux de mots sur le sujet font encore les choux gras des fins esprits. « EDF, c'est l'URSS qui a réussi », résume Pierre-Éric Tixier, sociologue et conseil de l'entreprise depuis une quinzaine d'années. L'emprise de la CGT y est en tout cas patente. « À EDF, le père, c'est le président, et la mère la CGT, car elle protège les agents », raconte un ancien haut cadre de la maison. À chaque nomination, on plaisante en disant, selon une expression consacrée, que l'entreprise « est dirigée par M. Untel "dans le cadre d'une large mais temporaire délégation de pouvoir accordée par la CGT" ! ». La caricature la plus lettrée revient sans doute au président Delaporte. Il parlait, en paraphrasant Lautréamont, pour définir EDF, d'un « accouplement long, chaste et hideux entre les ingénieurs des Ponts et le parti communiste ».

1. Entretien du 7 avril 2004.

17

Le pacte de Roussely

1998. François Roussely, tout juste nommé, débarque un jour au milieu d'une réunion syndicale. Denis Cohen, le patron de la fédération CGT de l'époque, et les siens travaillent sur le sponsoring rugby de l'entreprise avec le directeur de cabinet du président d'EDF. Le PDG, qui fait mine de passer là par hasard, prend place au milieu des syndicalistes. Histoire de discuter un peu. Entre le nouveau patron de l'entreprise publique la plus populaire de France et le puissant syndicaliste cégétiste, le courant passe tout de suite. Ils scellent à ce moment leur premier accord, un accord de principe sur leur collaboration qu'ils vont tenir jusqu'au bout.

Denis Cohen apprendra par la suite que son interlocuteur est familier de ces entretiens faussement improvisés. Mais qu'importe la forme, sur le fond, François Roussely a tout de suite donné le ton : il veut renouer avec la CGT. Il vient d'être nommé par Lionel Jospin. Il a toute la confiance de la gauche, et notamment celle d'Olivier Schrameck, le directeur de cabinet du Premier ministre. Jusqu'alors, Roussely a mené sa carrière dans l'ombre, dans les pas de Joxe, au ministère de l'Intérieur, puis à la Défense. Le gouvernement lui confie l'entreprise publique à la sortie d'une crise douloureuse. Roussely se méfie des cadres de la maison qui ont eu la peau de leur ancien président en quelques mois. Il lui faut un autre allié. Il choisit l'acteur le plus puissant de l'entreprise : la CGT. « On ne dirige pas une entreprise contre plus de 50 % de ses salariés », clame-t-il dès son arrivée.

La CGT a elle aussi beaucoup à gagner : elle vient de subir plusieurs années difficiles. Une période de « guerre », selon l'expression de Denis Cohen. Depuis le milieu des années 1980, la direction d'EDF parlait « centres de profit », « baisse des coûts », « culture d'entreprise » et mettait tout en œuvre pour faire reculer l'emprise du syndicat majoritaire. Elle a joué la carte des minoritaires, CFDT en tête, contre la CGT. « Nous étions un frein à la logique économique de la direction qui voulait reprendre le pouvoir », raconte Denis Cohen. Une révolution dans cette entreprise gérée depuis la nationalisation grâce à l'alliance des communistes et des gaullistes, l'union des syndicalistes cégétistes et des ingénieurs des mines. Le pari de Roussely est de rendre sa légitimité à la centrale. En échange de quoi elle doit lui laisser le champ libre. À elle la gestion du « social », à lui la conquête des marchés internationaux et la conduite du changement de statut. « Les dieux reviennent avec nous », salue Michel Clerc, bras droit de Denis Cohen à la Fédération.

François Roussely montre patte blanche tout de suite. Premier geste symbolique fort : il promeut plusieurs cadres cégétistes à des postes de direction. Dans la foulée, en habile tacticien, il saisit la balle des 35 heures au bond. Il y voit tout de suite une façon de prouver sa bonne foi. Il offre au syndicat « le meilleur accord jamais signé sur les 35 heures », selon l'expression de Denis Cohen.

Le texte tombe à pic : la CGT est alors dans une belle impasse. Deux ans plus tôt, elle a contesté l'accord sur les 32 heures avec perte de salaire signé par la direction avec les minoritaires. Contre toute attente, la justice lui a donné raison et a annulé le texte. Entre-temps, 19 000 personnes ont opté pour un travail à temps partiel, 16 000 ont programmé leur départ en retraite et 5 000 jeunes ont été embauchés. La Fédé sable le champagne... mais se rend vite compte que cette victoire juridique est en train de lui porter un sacré coup. Les agents ne comprennent pas son action. Le mois suivant, elle perd 2 % aux élections professionnelles – un record dans l'histoire d'EDF où toute variation de plus de 1 % des votes CGT aux élections s'analyse comme un bouleversement. François Roussely remet tout le monde autour de la table sur de nouvelles bases de négociation.

L'accord final, encouragé par le ministère du Travail, prévoit le passage aux 32 heures hebdomadaires payées 37, avec l'embauche de 18 000 à 20 000 jeunes en trois ans. Ce jour-là, l'événement fait la une du *Monde*. La CGT-Énergie vient en effet d'effectuer son grand retour sur scène : elle n'avait signé aucun texte depuis 1982. Le tournant est pris.

François Roussely n'hésite pas à mettre de l'huile dans les rouages de la mécanique syndicale. Lorsque Michel Clerc, le bras droit de Denis Cohen, un homme qui a œuvré dans l'ombre pendant près de vingt ans, crée une association pour le « Droit à l'énergie », Roussely lui offre le soutien de son service de presse. Veut-il quitter la Fédé ? Roussely lui propose une place dans son cabinet. Le statut de ce collaborateur très particulier auprès du président fait des envieux. Le patron d'EDF paye aussi de sa personne. Il participe au premier grand congrès de « Droit à l'énergie », à Nice. Michel Clerc a profité du sommet européen de décembre 2000 pour se greffer à sa façon sur le mouvement altermondialiste. Le vaste forum, qui se tient sur un fastueux bateau amarré dans la baie, est en partie organisé par Campana et Eleb, une agence de communication qui travaille beaucoup pour... François Roussely lui-même. De nombreuses figures d'EDF interviennent à la tribune. Le président de l'entreprise est encore de la partie au Maroc le 20 juin 2004. Il effectue un aller et retour en jet privé pour le deuxième sommet de la petite association, alors que les coupures d'électricité se multiplient en France. En façade pourtant, les relations sont à couteaux tirés entre le président et les grévistes CGT menacés de sanctions... « Droit à l'énergie » est par ailleurs dans le collimateur de la justice. L'association créée avec la bénédiction de Denis Cohen intrigue le juge Jean-Marie d'Huy qui a obtenu du procureur l'autorisation d'enquêter sur ses activités. L'association mène grand train. EDF n'est pas un de ses moindres mécènes.

Comme toujours, le grand patron ne ménage pas sa peine pour aboutir. Il sait passer le temps nécessaire pour convaincre ses interlocuteurs. Il ne quitte que quelques heures par nuit son vaste bureau de près de 100 mètres carrés au dixième et dernier étage du bâtiment Wagram, un immeuble de verre à quelques pas de l'Étoile. Son bureau est un modèle de sobriété. Aux photos personnelles, François Roussely a préféré une lithographie de *La Fée électricité* de Raoul Dufy. Le chef d'entreprise passe pour un ascète. Une pomme et un verre d'eau peuvent lui suffire pour la journée tant il concentre son énergie sur son travail. Pierre Joxe se souvient : « Lorsque j'étais au ministère de l'Intérieur, j'habitais au-dessus des bureaux. Je trouvais Roussely, mon directeur de cabinet, encore à sa table de travail en montant me coucher. Il était là également le lendemain matin quand je descendais... Il habitait en banlieue et profitait des temps de transport pour rattraper son sommeil en retard – son chauffeur avait pour mission de conduire sans le réveiller. »

Cette ardeur à la tâche lui vaut la reconnaissance de la maison EDF. Il attire la sympathie des agents. Parce qu'il met leur travail en valeur. La France entière vante en effet les mérites de ces électriciens qui ont su se mobiliser jour et nuit pour raccorder les Français au réseau, ébranlé en 1999 par une tempête historique. Même Jacques Chirac est séduit par cet homme capable de retourner une crise majeure – des milliers de Français plongés dans le noir – à l'avantage de l'entreprise. Ce sont les années de la *dream team*, selon l'expression d'un ancien secrétaire général d'EDF. Tout semble réussir à la nouvelle équipe. Roussely se lance sur les marchés internationaux sans que la CGT proteste. Il a embauché une directrice des ressources humaines originale, Claude Hue, avec l'aval de Denis Cohen. Il a refondu l'organigramme de l'entreprise, déménagé son siège, amorcé plusieurs réformes. L'avenir s'annonce sous les meilleurs auspices.

Son père biologique est un électricien. Son père spirituel, Pierre Joxe, un adhérent de la CGT. Le PDG a toutes les prédispositions pour comprendre sa nouvelle maison. Les premiers mois de son arrivée, il est même l'hôte discret mais prestigieux des réunions de la section du parti socialiste d'EDF.

Roussely gouverne à sa façon. Il veut une communication directe. Nombre de spectateurs se souviennent, encore médusés, de son premier grand meeting, digne d'une campagne électorale, organisé à Bercy, pour lancer son « tour de France ». Ce jour-là, il s'adresse directement aux agents et fait monter les syndicalistes sur la scène. L'encadrement ne lui pardonnera pas ce geste, vécu comme une humiliation. Les cadres intermédiaires, majoritairement anticégétistes, ont mesuré toute la portée symbolique de ce show : le nouveau patron peut passer outre ses cadres. Ils ne s'y trompent pas. Pendant toute la durée de son mandat, François Roussely va jouer la CGT contre l'encadrement. Il prend appui sur la centrale pour faire avancer ses projets.

Contrairement à beaucoup de patrons, le haut fonctionnaire n'est pas arrivé à EDF avec son équipe. « C'est un homme seul, il arrive même sans secrétaire », s'étonne un cadre de la maison. L'ancien « flic » n'emmène dans son sillage qu'un seul homme, mais un homme de grande confiance : Cédric Lewandowski ancien attaché parlementaire de Pierre Joxe. Cela ne l'empêche pas de faire le vide autour de lui. François Roussely rechigne à s'appuyer sur les compétences internes. Il embauche à prix d'or plusieurs hauts cadres issus du privé. Il n'a de cesse que de casser les puissantes baronnies d'EDF. En cinq ans, il renouvelle la quasi-totalité de ses hauts directeurs – 55 sur 60 – et change quatre fois de directeur de la communication. L'encadrement est déstabilisé. Dans les couloirs de l'entreprise, on fustige la méfiance maladive de l'homme et son « management par la rupture ». Les mises au placard sont légion. La grogne monte dans les rangs des directeurs de plus en plus hostiles à leur PDG. Ses choix sont contestés. Ses investissements faramineux à l'international montrés du doigt.

Plus qu'un chef d'entreprise en effet, François Roussely est un politique.

Il a d'ailleurs conçu la tête d'EDF comme un cabinet ministériel. Il s'est entouré d'une équipe de conseillers, exactement comme le font les ministres. Le dispositif télescope les prérogatives des directeurs en place, mais il permet au PDG de concentrer le pouvoir autour de lui. Il est également politique dans sa relation avec le chef de l'État. Socialiste pur sucre, Roussely sait faire plaisir à Jacques Chirac qu'il a connu lorsqu'il était au ministère de la Défense – un pré-carré du président de la République.

C'est en politique encore que François Roussely gère ses relations avec la CGT. Il pense que sa place à la tête de l'entreprise est assurée tant qu'il a le soutien du syndicat ultramajoritaire. Nommé par la gauche, il est naturellement déstabilisé au moment du changement de gouvernement. Il joue alors de son principal atout, sa proximité avec la CGT : il se présente à la droite comme l'homme capable de maintenir la paix sociale à la veille de l'échéance du changement de statut.

Denis Cohen n'est pas dupe des calculs de son interlocuteur : « Roussely, c'est du billard à huit bandes », plaisante l'ancien dirigeant de la fédération Énergie. « Nous nous sommes mutuellement utilisés », admet-il. Bien qu'ils s'en défendent, les deux hommes nourrissent toutefois une vraie estime mutuelle. Roussely sait être direct. Cohen apprécie. « Il dit ce qu'il fait et fait ce qu'il dit, résume le syndicaliste. Et cela aide à agir. »

« Le courant passe bien, écrira même Denis Cohen dans un livre d'entretien. J'apprécie son travail et sa rigueur. À sa façon, l'homme a le sens de l'intérêt général. Je suis convaincu de cela. Un grand patron, ça se sait, ça se sent. À mon avis, EDF en a connu deux : Marcel Boiteux et François Roussely [1]. » Bel hommage.

1. Denis Cohen, *Pour un syndicalisme durable*, Paris, Le Cherche Midi, 2003.

L'entente du syndicaliste et du PDG finit pourtant par affaiblir les deux hommes. « L'axe de Roussely avec la CGT était totalement justifié, analyse un membre de l'UFE (l'Union française de l'énergie, représentant patronal de la branche énergie). À EDF, même les gens de droite votent CGT ! L'erreur a été le suraffichage de cette collusion. Cela a fini par compromettre la CGT... De trop négative, la centrale est devenue trop complaisante. La base n'a pas pu suivre. »

La tension se fait sentir à l'occasion de certains des déplacements du président. À Lyon, le 24 juin 2003, le PDG est même la cible d'une volée d'œufs – du jamais-vu dans les annales d'EDF, entreprise légitimiste s'il en est. À Asnières, les électriciens plongent dans le noir un meeting de Nicolas Sarkozy, le 11 juin 2004. Des actions qui préfigurent les coupures de juin. « La trop grande proximité entre Denis Cohen et François Roussely a tué la "conflictualité positive" », lance, amer, un dirigeant de l'UFICT, le syndicat des cadres de la CGT. Une manière pudique de dire, en jargon syndical, que la base a progressivement échappé à son chef, Denis Cohen.

Le conflit des retraites est en effet passé par là. Contre tous les pronostics, le 9 janvier 2003, les agents EDF-GDF ont rejeté le « relevé de conclusion » qui devait régler le problème des retraites de la branche de SIEG – les industries électriques et gazières. Ce rejet inattendu est un échec pour François Roussely qui avait promis au gouvernement un accord exemplaire. Le « non » des agents EDF constitue surtout un revers cinglant pour Denis Cohen. « Je n'ai jamais caché mon réformisme », plaide-t-il, encore de longs mois après cet événement. L'ancien leader a voulu emmener la fédé de l'Énergie vers un syndicalisme « de proposition ». Il ne voulait pas d'une « cégète » qui dit systématiquement non. Ses adversaires lui reprochent d'avoir trop dit « oui » à François Roussely. « Oui » à la réforme des retraites. « Oui » au changement de statut de l'entreprise.

Déjà en février 1999, quand s'ouvre le débat parlementaire sur la première directive énergétique européenne, Cohen ne se bat pas contre la transposition du texte. Il milite pour « une dérégulation de gauche ». Au nom du pragmatisme, Denis Cohen défend des positions dans lesquelles même les cadres d'EDF ne se reconnaissent pas toujours. Au plus haut niveau de l'entreprise, on doute du bien-fondé de la libéralisation du marché ou de l'ouverture du capital. Les agents se cabrent de plus en plus sur la défense du statut et l'idée de « service public à la française », tandis que Denis Cohen, lui, parle toujours d'« accompagner » socialement le changement. Le fossé se creuse. Cinq ans plus tard, en 2004, alors que François Roussely organise lui-même la communication en faveur du changement de statut en achetant de pleines pages de publicité dans les journaux, sur le terrain les coupures d'électricité se multiplient. Le ton se durcit. Les actions échappent en grande partie à la Fédé malgré les déclarations officielles.

François Roussely a perdu son pari. Le pacte qu'il a scellé avec la CGT est en train de s'émietter. Pour avoir trop choyé son partenaire, Roussely a fini par l'affaiblir. Accusé d'avoir trop courtisé la direction, Cohen n'est plus suivi. Frédéric Imbrecht, son successeur à la tête du syndicat depuis 2003, hérite d'un mouvement en pleine radicalisation. Toute la stratégie développée par François Roussely se révèle, au fin du fin, inutile. Le dirigeant a été reconduit en juillet 2004 mais pour une durée très indéterminée. Sa place est largement menacée.

18

Une CGT très particulière

À la limite de Saint-Denis et de Saint-Ouen, à moins de 3 kilomètres du périphérique parisien, les militants CGT occupent le poste à très haute tension du Cap-Ampère. Derrière les hauts murs de béton armé qui protègent les disjoncteurs, ils ont la main sur le transport d'électricité dans Paris intra-muros. Il leur suffit d'appuyer sur un bouton pour plonger plus du quart de la capitale dans le noir. Le lundi 8 juin 2004, c'est depuis cette place forte qu'ils ont immobilisé la gare Saint-Lazare, laissant quelque 500 000 voyageurs en déroute sur les quais d'Île-de-France. Ce jour-là, ces contestataires ont renoué avec les « coupures » comme moyen de lutte syndicale après plus de quatorze ans de trêve.

Les hommes qui tiennent le piquet ont une petite quarantaine et travaillent à EDF depuis une dizaine d'années. Des techniciens pour la plupart, mais aussi quelques ingénieurs. Polos proprets, pantalons de toile, petites lunettes, ils ont plus l'habitude des bureaux feutrés de l'encadrement que des opérations coups de poing. Aucun d'eux n'a le profil des « gros bras » de la CGT. Les militants réunis à Ampère vivent leur premier vrai grand conflit social. Lorsqu'ils coupent les lignes, le bruit de pétard provoqué par l'échappement d'air comprimé les impressionne presque. Bien que soutenus par de vieux briscards de la Fédération rompus aux techniques de l'occupation, certains redoutent l'arrivée de la police.

Ces « bleus » sur les piquets de grève montrent à quel point la CGT à EDF a été capable de séduire les jeunes et de se renouveler. Les grandes vagues d'embauche qu'a connues l'électricien national en 1983 et en 1999 n'ont pas altéré la popularité de la CGT en interne. Les 18 000 jeunes entrés à EDF lors du passage aux 35 heures n'ont pas modifié le rapport de force entre les différents syndicats. Les jeunes recrues votent CGT, comme leurs aînés. Le taux de syndicalisation chez les électriciens et gaziers dépasse les 35 % alors qu'il est passé en dessous de la barre des 7 % au niveau national depuis plus de deux décennies. Lors des élections du personnel, les taux de participation dépassent fréquemment les 80 %. « Les jeunes ont souvent eu une première expérience dans le privé, raconte un cadre de la CGT, ils ont volontairement choisi EDF car il s'agit d'une entreprise publique. Quitte à y perdre au niveau de la fiche de paie. Même s'ils sont récents dans le système, ils veulent profiter des acquis, retraite et horaires... et pensent que la CGT est la meilleure garantie contre les réformes. »

La fidélité au premier syndicat de France s'explique aussi par la nature des recrutements. Chez EDF, il n'est pas rare de rencontrer encore des familles d'électriciens : le grand-père, le père et le fils ont tous revêtu la combinaison bleue avec bien souvent la carte du syndicat dans la poche.

La fédération Énergie est, en fait, une bien étrange « filiale » de la CGT. Une anomalie historique. Elle se maintient dans un monde syndical en pleine décomposition. L'électricité est la dernière grande industrie apparue au XXe siècle après la mine, la métallurgie et la sidérurgie. Elle est la seule à avoir résisté aux restructurations massives.

À son apogée, dans les années 1960, la fédération de la Métallurgie comptait quelque 400 000 adhérents. Aujourd'hui, elle enregistre moins de 100 000 cartes. Cette chute drastique des effectifs a fait perdre son âme et sa mémoire aux syndicats de la branche. Les militants les plus chevronnés sont partis en préretraite ou ont quitté l'entreprise au rythme des charrettes successives. Les rangs des militants ont été décimés parallèlement à ceux des entreprises.

À EDF, la CGT n'a pas été confrontée à de tels phénomènes. Les transitions entre les générations se sont faites en douceur. De plus, les anciens ne quittent jamais vraiment l'entreprise. En « inactivité », ils continuent dans leur grande majorité à garder le contact avec le syndicat. Ils sont automatiquement rattachés à la section territoriale dont dépend leur domicile. « Il est vrai que parfois des anciens des usines nucléaires se retrouvent ainsi dans un syndicat de la distribution, raconte un militant. La greffe ne prend pas toujours mais, globalement, on arrive à conserver un lien. » Les retraités fréquentent les caisses mutuelles qui gèrent leur régime de santé. Surtout, les seniors restent en relation avec le comité d'entreprise, passent leurs vacances dans les institutions de la CCAS, participent aux différentes activités culturelles et sportives, votent à certaines élections. Cet attachement à l'entreprise a été particulièrement visible au moment de la tempête de l'hiver 1999. Quelques coups de fil ont suffi à faire revenir sur le terrain les anciens pour remettre les installations en état. La

CGT a largement participé à l'effort collectif en activant son réseau de militants « inactifs ».

Comment expliquer l'emprise et la puissance de la fédération Énergie ? « Dès l'origine, explique Denis Cohen, il s'agit d'un syndicalisme propositionnel. » À EDF, la CGT a toujours participé à la gestion de l'entreprise, même si elle ne signait pas d'accords. Le niveau de conflits et de grèves est d'ailleurs nettement moins élevé à EDF que dans l'ensemble du secteur public. La politique du syndicat maison n'a jamais été l'opposition systématique comme cela a pu l'être dans d'autres secteurs avant l'arrivée de Bernard Thibault à la tête de la Confédération. Jusqu'au début des années 1980, les jeunes électriciens sortent des écoles professionnelles d'EDF. En bonne intelligence, la CGT et la direction ont trouvé un partage des responsabilités avec des domaines réservés : l'économique aux patrons et le social aux syndicats.

La citadelle de la CGT énergie a su se protéger mieux qu'aucun autre syndicat des attaques extérieures en défendant bec et ongles ses positions. Sud, le syndicat alternatif, qui s'est implanté avec succès dans tous le service public, de France Telecom à la SNCF depuis le début des années 1990, n'arrive pas à percer à EDF. Les militants de Sud Énergie, des anciens de la CGT pour la plupart, essayent pourtant sans relâche de s'imposer dans les établissements de l'entreprise. En juin 2004, lors des grandes manifestations contre le projet de changement de statut d'EDF, les représentants de Sud furent fraîchement accueillis sur les piquets de grève. « Les délégués fédéraux ne voulaient pas de nous sur le terrain », raconte Yann Cochin, délégué Sud. La direction de l'entreprise n'a pas facilité non plus l'arrivée du challenger de la CGT. « Partout où nous essayons de monter une section, poursuit Yann Cochin, la direction d'EDF conteste notre représentativité. Sur les trois établissements du secteur des Études et Recherches, nous avons dû aller jusqu'en Cassation pour obtenir le droit de nous présenter aux élections. Dans les tribunaux, on a parfois face à nous la direction et la CGT sur le même banc. Aujourd'hui, nous sommes la deuxième organisation dans le secteur des Études et Recherches avec 24 % des voix aux élections de représentativité. » La direction et le syndicat majoritaire ont là encore trouvé un terrain d'entente : la première ne veut pas voir arriver un nouveau joueur, incontrôlable et franc-tireur dans ses murs, le second ne veut pas partager son pouvoir.

La prospérité a une dernière explication et non des moindres : le magot de 400 millions d'euros du comité d'entreprise. Ce pactole fait d'elle la plus riche fille de la Confédération générale du travail. Un ancien patron CGT des métallos le reconnaît volontiers : « J'avais plusieurs CE dans mon giron, mais aucun de la taille de celui d'EDF. En plus chez moi, la CGT partageait le pouvoir avec FO ou la CFDT. À la CCAS, ce n'est pas le cas. »

Avec ses moyens colossaux, elle peut payer des militants, leur assurer une formation de qualité, se doter d'outils de communication performants, programmer des meetings et des manifestations. Autant d'événements qui permettent de faire vivre une organisation. « Dès que vous arrivez, raconte un militant du RTE (Réseau de transport d'électricité), département en charge des lignes électriques, vous êtes abreuvé de messages et d'informations en provenance du syndicat. Ils ont une bonne expertise des situations tant sur le plan du développement économique ou stratégique que financier. »

L'homme-orchestre de la CGT à EDF et plus largement des industries électriques et gazières est le patron de la Fédération des mines et de l'énergie. Depuis novembre 2003, ce poste est occupé par Frédéric Imbrecht. C'est lui qui négocie avec la direction et le gouvernement. Lui qui nomme et révoque le patron du comité d'entreprise... La CGT d'EDF, telle qu'elle est aujourd'hui, est cependant l'œuvre de son prédécesseur, Denis Cohen. Il est l'héritier des grandes figures de la CGT énergie, tels que Raymond Pauwels et René Le Guen. Des cégétistes, communistes, membres du bureau politique du PCF.

Denis Cohen a su ajouter une qualité supplémentaire à ce profil. Il est médiatique. « L'ami des journalistes et des puissants », dénoncent ses détracteurs au sein de l'appareil. Il est le seul secrétaire général de la fédération syndicale à avoir été le héros d'un dessin de Plantu à la une du *Monde*.

Petit et rond, cet électricien titulaire d'un CAP a été pendant quatorze ans le vice-roi d'EDF. Ne dédaignant pas un verre de champagne en apéritif, il donne ses rendez-vous dans les restaurants branchés de la capitale. Ce proche de Robert Hue – il fut sur la liste PCF rénovée des élections européennes de 1999 – a pris les rênes de la Fédé, en 1989, l'année de la chute du Mur de Berlin et de l'effondrement du bloc communiste. Tout un symbole pour celui qui a fait tomber les « barricades sociales » érigées par des années d'affrontement au sein du groupe électrique dans les années 1980. Denis Cohen a imprimé sa marque. Pourtant, lors du congrès de la fédération Énergie de Biarritz en octobre 2003, le grand homme a préféré quitter la scène discrètement

Denis Cohen a si bien su faire prospérer « sa petite entreprise » qu'au début des années 2000 il a pris de plus en plus de liberté à l'égard de la Confédération. À tel point que son attitude a fini par agacer le placide secrétaire général, Bernard Thibault. Une telle situation a été possible parce que l'organisation ouvrière a cette particularité d'avoir une réelle culture fédéraliste. Les « fédés » sont indépendantes dans leur secteur économique. Elles décident des modes d'action et du champ des revendications avec leurs salariés. Pendant des décennies, l'idéologie communiste a servi de ciment à ces individualités. Désormais, ce n'est plus le cas.

Les signes du fossé qui s'est creusé entre le patron de la Fédération et la Confédération étaient pourtant perceptibles. En 2001, lors d'une conférence de presse, Bernard Thibault et Jean-Christophe Le Duigou, l'économiste de la CGT, se sont exprimés sur la politique énergétique française et les risques de l'internationalisation. Ils ne se sont pas privés de critiquer l'absence de lisibilité de la stratégie d'EDF. Par ailleurs, en 2002, François Roussely et Denis Cohen se sont attelés à la transformation du système des retraites. Alors que la CGT avait clairement marqué son opposition au projet de réforme des retraites du gouvernement, Denis Cohen s'apprêtait à signer le relevé de conclusions de la direction sur la modification du régime des électriciens et gaziers, un texte programmant un retour progressif du régime particulier des agents dans le droit commun. Le symbole est fort. À l'automne 2002, les directions des entreprises et les syndicats, c'est-à-dire en fait Roussely et Cohen, décidèrent de soumettre le texte à la signature des organisations. « Les négociations s'étaient extraordinairement bien passées, confie Yann Laroche, responsable des ressources humaines d'EDF, tout le monde était persuadé qu'il s'agissait d'un bon accord et qu'il fallait le signer. Tout le monde s'est trompé. »

Le coup est venu de l'UFICT, l'Union fédérale des ingénieurs, cadres et techniciens, une organisation proche de la Confédération. Les cadres CGT de l'énergie sont montés au créneau contre le relevé de conclusions que Denis Cohen s'apprêtait à signer. Leurs représentants ont dénoncé le projet de Cohen lors des réunions publiques, arguant que la base y était opposée.

Cohen, le « mégalo », le « pote à Roussely » aurait été coupé de la CGT d'en bas ? La question fait son chemin et le patron de la Fédération est obligé de recourir au référendum avant de signer. « Il ne voulait pas s'y résoudre, explique un des patrons de l'UFICT d'alors, Michel Donnedu. Il nous expliquait qu'il ne réussirait pas à convaincre la direction, que techniquement la consultation prendrait trop de temps, qu'il n'était pas possible d'attendre. » La consultation eut lieu le 9 janvier 2003. Les agents se prononcèrent à 53 % contre le projet. Cohen dut digérer sa défaite en quasi-direct au Journal de 20 heures sur France 2.

Depuis le début de l'année 2004, à cinquante ans, Denis Cohen a disparu brusquement de la lumière. Il occupe désormais un poste de cadre commercial à la *Nouvelle Vie ouvrière*, l'organe de presse de la CGT.

Pour beaucoup, la révélation de l'affaire du comité d'entreprise n'est pas étrangère à cette guerre des chefs à l'intérieur de la CGT. Jean-Claude Laroche, le directeur général qui est à l'origine de la crise et des déboires judiciaires du CE, était à l'époque un des cadres de l'UFICT. En décembre 2003, il a d'ailleurs pris publiquement position contre le projet des retraites défendu par « son » patron, Denis Cohen.

Désormais, à l'intérieur même de la CGT, nombre de militants considèrent que la situation du comité d'entreprise doit être assainie. Paradoxalement, la Caisse centrale des activités sociales, qui a constitué une plus-value extraordinaire pour la CGT pendant des décennies, est devenue son talon d'Achille.

19

La fin d'une époque

Plus de 1 500 amendements. Les députés n'ont pas chômé. En juin 2004, l'examen du texte sur le changement de statut d'EDF-GDF attise les passions à l'Assemblée nationale. Dans la rue aussi. Les syndicats ne veulent pas lâcher prise. La CGT, surtout. Les grévistes, ont renoué avec une pratique extrême : les coupures de courant. « De la légitime défense », a expliqué le député PS Julien Dray. Pendant que Bruxelles s'impatiente, la classe politique française cherche à arrondir les angles. Mais au PS comme à l'UMP, on ne se fait pas d'illusions. Le tournant est inéluctable. L'ouverture à la concurrence est programmée depuis le début des années 1990 – elle a été portée par les gouvernements de gauche comme de droite. Avec la dérégulation, EDF va basculer dans le monde « moderne ». Non sans quelques sacrifices.

Pendant la dernière décennie, l'entreprise a vécu sur ses acquis, grâce à la formidable rentabilité du nucléaire. L'avenir nécessitera plus d'efforts. Le comité d'entreprise ne pourra plus vivre grand train quand l'entreprise mère se serre la ceinture. L'ensemble du « statut » – dont le CE fait parti – est remis en cause.

La rente d'EDF s'est essoufflée. L'entreprise continue de faire l'admiration de nombre de ses concurrents, mais elle souffre d'une grave crise de liquidité. Les investissements colossaux de François Roussely sur les marchés internationaux ont creusé les déficits. Pour faire face à ces nouveaux enjeux économiques, l'État a peigné les bilans. Nicolas Sarkozy a promis une recapitalisation de l'entreprise. Mais le problème financier n'est réglé qu'à court terme. « EDF a besoin de fonds propres. Cela, même la CGT en est consciente », avance un conseiller de Bercy.

L'ouverture annoncée du capital est un véritable bouleversement. Pour la majorité des syndicats, accepter l'arrivée des capitaux privés, c'est faire rentrer le loup dans la bergerie. Car les investisseurs dictent leur loi. Celle du marché. EDF va en effet devoir passer de l'état de quasi-administration à celui de géant mondial de l'électricité. Les potentiels investisseurs devront dans un premier temps bien s'accommoder des particularismes d'EDF. Ils hériteront de l'histoire de l'entreprise.

Le fameux 1 % attribué à la Caisse centrale en fait partie. « C'est la règle du jeu, explique un spécialiste du dossier à Bercy. Cela n'empêche pas d'ouvrir le capital... Mais évidemment, c'est un élément qui fait baisser le prix de l'action. » Le luxueux « statut » des agents des électriciens et gaziers pèse sur l'entreprise et sur l'ensemble du secteur français de l'énergie au moment de l'arrivée de la concurrence. Les Espagnols actionnaires de la SNET ont par exemple fait grise mine, en juin 2004, quand ils ont compris que les dernières augmentations salariales accordées par Nicolas Sarkozy aux électriciens, en pleine négociation sur le changement de statut d'EDF, allaient leur coûter cher. Les salariés de la SNET réclament en effet l'application des augmentations à toute la branche énergie – puisque EDF a toujours donné le *la* dans le secteur. Même les investisseurs étrangers doivent en effet aujourd'hui se plier aux spécificités françaises. Mais peut-être pas pour l'éternité.

L'ouverture du marché change les règles du jeu. Elle fera inévitablement évoluer les choses. Le gouvernement a beau jurer que le statut des électriciens et gaziers ne changera pas d'un iota, l'avenir risque de lui donner tort. En principe, le statut n'est en rien concerné par le projet de loi examiné à l'Assemblée nationale en juin 2004. Bercy l'a affirmé à plusieurs reprises, sans parvenir pourtant à convaincre tout à fait les syndicats. Sans la garantie de l'État, expliquent ces derniers, le statut ne bénéficie d'aucune protection inébranlable. L'exemple de France Telecom ne les rassure pas : tout avait commencé là aussi par une simple réforme du statut de l'opérateur. Or, aujourd'hui, France Telecom est en voie de privatisation et les salariés ne sont plus embauchés « au statut »...

Le projet de loi a d'ailleurs lui-même déjà ouvert discrètement quelques brèches. Les rédacteurs du texte ont même voulu faire passer un changement notoire : la remise à plat des institutions représentatives du personnel. La tentative n'a pas échappé à la vigilance des syndicats. Le gouvernement a fait marche arrière.

Par ailleurs, le paragraphe sur les retraites des agents continue d'éveiller la suspicion. « La retraite des électriciens et gaziers sera adossée au régime général, analyse Gabriel Gaudy, à la tête de la fédération FO jusqu'en juin 2004. Pour moi, cela veut bien dire que nous n'aurons plus de régime spécial... » Bercy a de plus introduit une subtilité supplémentaire : une partie des retraites à venir sera financée par l'instauration d'une nouvelle taxe. Ce qui crée, de fait, une faille dans le statut : « Tous les agents ne seront plus dans la même situation. C'est typiquement le genre de précédent qui peut permettre, à l'avenir, de casser tout le dispositif », prédit Gabriel Gaudy.

À terme, l'unité du comité d'entreprise est également fragilisée. L'entrée en concurrence d'EDF et de GDF va placer la CCAS, qui est le comité d'entreprise de tous les énergéticiens de France, dans une situation inédite. La Caisse va devenir le CE unique de plusieurs entreprises séparées... Certes, dans les textes, elle est préservée. Nicolas Sarkozy l'a répété à l'envi et il l'a même écrit à l'attention des syndicats : l'unité des œuvres sociales est assurée... jusqu'à nouvel ordre.

Dans ce nouveau contexte, l'État lui aussi devra consentir des efforts substantiels. Il a dorénavant quelques mauvaises habitudes à perdre. Dans le cadre de l'ouverture du marché, il ne sera plus question de baisser arbitrairement le prix de l'électricité sans gains de productivité préalables. Ou de contraindre l'entreprise à de grandes vagues d'embauches destinées à soutenir la politique du gouvernement en place plus qu'à produire de l'électricité. Terminés les petits arrangements entre administrations pour « recaser » ou rémunérer une main d'œuvre qui ne sert pas exclusivement les intérêts de l'entreprise.

Le monde a changé. Les « bricolages » d'hier ne sont plus possibles aujourd'hui. Le comité d'entreprise lui-même est devenu une énorme machine, qui nécessite de plus en plus de professionnalisme. La gestion d'une entreprise de plus de 3 500 personnes et de centaines d'institutions ne s'improvise pas. La CGT l'a d'ailleurs pressenti : elle a aujourd'hui besoin d'une main-d'œuvre qualifiée et compétente. C'est l'une des raisons pour lesquelles elle avait recruté comme directeur général Jean-Claude Laroche, un polytechnicien reconnu pour sa rigueur professionnelle.

En outre, les exigences des agents se font aujourd'hui plus pressantes. En matière de loisirs, la concurrence a explosé au cours de la dernière décennie. Le concept des « villages de toile » a pris un sérieux coup de vieux. L'exploitation coûteuse de ses centres plombe les comptes. Les charges s'accumulent tout au long de l'année alors que la plupart des institutions ne tournent que pendant les périodes de vacances d'été... La Caisse centrale tente de s'adapter. Elle signe des partenariats avec d'autres comités d'entreprise, ouvre ses institutions à d'autres vacanciers que les agents EDF. Mais ces tentatives ne règlent pas tous les problèmes.

Les syndicats minoritaires relayent avec de plus en plus d'insistance une demande récurrente des agents : l'instauration de « chèques vacances ». De nombreux comités d'entreprise proposent en effet ces bons qui permettent aux salariés de choisir plus librement leur mode de vacances – au lieu d'être limités au catalogue maison, forcément plus restreint. Pour la CGT, accéder à cette demande constituerait un tournant historique. Ce serait renoncer à sa mainmise sur des centaines de centres, leur personnel et leurs infrastructures... Pourtant, la société française tout entière fait la part de plus en plus belle aux libertés individuelles, au détriment des choix collectifs. Le comité d'entreprise d'EDF rame encore à contre-courant.

Du professionnalisme, la Caisse en a également de plus en plus besoin dans la restauration méridienne. La CCAS sert 7 millions de repas dans 240 restaurants à travers la France. EDF subventionne ces cantines à hauteur de 20 millions d'euros par an. Seule exigence, pour l'ouverture d'un restaurant : qu'il puisse servir 80 couverts par jour. Pourtant, les ratios économiques du secteur montrent qu'au-dessous de 150 repas quotidiens, l'équilibre financier de l'entreprise reste précaire. La CCAS ne parvient pas à faire descendre le prix moyen de revient au-dessous de 10,6 euros par repas environ, avec de fortes variations selon les restaurants. Les charges salariales pèsent considérablement sur ces coûts. Normal : l'un des points faibles du comité d'entreprise est sa difficulté à gérer le personnel, trop souvent embauché sur des critères syndicaux.

Preuve du peu de rigueur ambiante, c'est une cantine estampillée CCAS qui servait les repas des membres de la Fédération CGT de l'énergie à Pantin. Le restaurant a fermé, récemment, lorsque la Fédération a déménagé pour rejoindre les bâtiments de la Confédération, à Montreuil. Pendant plusieurs décennies, cette pratique n'a suscité aucun commentaire. Aujourd'hui, elle provoquerait immanquablement des questions : à quel titre une fédération syndicale peut-elle bénéficier des services, même éventuellement facturés, d'un comité d'entreprise ?

Changement d'époque. Les petits arrangements tolérés hier sont montrés du doigt aujourd'hui. « Quelques-uns de mes permanents étaient pris en charge par une caisse de retraite amie, raconte, sous couvert de l'anonymat, un ancien grand leader syndical. Nous n'avions pas le choix. Mais je sais bien qu'aujourd'hui cette pratique serait condamnée par la justice... » Les artifices auxquels recourent les centrales syndicales pour gonfler leur train de vie ne datent en effet pas d'hier.

Les largesses du comité d'entreprise d'EDF sont connues de longue date. « Il est de notoriété publique que les œuvres sociales d'EDF sont gérées avec quelques lacunes. Et c'est un euphémisme, lançait en 1989 le député Edmond Alphandéry. Quelle politique le gouvernement entend-il mener pour remettre en ordre cette maison ? » Une bonne dizaine d'interventions de cet acabit, menées par les plus grands noms de la politique française, sont enregistrées dans les archives du Parlement. Malgré cette « notoriété » fâcheuse, le comité d'entreprise n'avait jamais, jusqu'à ce jour, été inquiété. Paradoxalement, le scandale éclate alors qu'une grande partie des dirigeants syndicaux ont pris conscience du danger latent : à mots feutrés, plusieurs d'entre eux prêchent pour une remise en ordre. Depuis plusieurs années, les experts de la vie syndicale avertissent : les centrales risquent « le coup des partis politiques », selon l'expression de René Mouriaux, chercheur, spécialiste des syndicats. Trop tard.

L'action de la justice est une véritable révolution dans le monde syndical. Les dirigeants du comité d'entreprise d'EDF ont vécu pendant un demi-siècle dans une zone de non-droit. Ils ont bénéficié des statuts particuliers de cette institution unique en France. Encore aujourd'hui, le flou juridique qui règne autour des obligations de la CCAS, qui n'est ni un organisme privé ni une association, joue en leur faveur. La justice risque d'avoir bien du mal, en effet, à démêler cet enchevêtrement d'avantages acquis, de pratiques syndicales et d'abus caractérisés... Pourtant sa décision fera date. Pour la première fois, les magistrats doivent juger la pratique syndicale. À travers l'exemple, certes unique, du comité d'entreprise d'EDF, c'est tout le système de financement des syndicats qui est en débat. Un véritable enjeu de société.

L'« affaire » du comité d'entreprise d'EDF va porter ces questions sur le devant de la scène. Le procès public de la CCAS lance celui du financement des syndicats.

Conclusion

2004 restera une année pivot dans l'histoire de l'entreprise. EDF est devenue une société anonyme. L'EPIC, établissement public industriel et commercial, créé à la Libération, n'est plus. La Caisse centrale des activités sociales, le comité d'entreprise « modèle » géré depuis quarante ans par la CGT, est empêtrée dans une sale affaire judiciaire. Certains on cru voir un lien entre ces deux affaires. Peut-être existe-t-il une concordance des temps... L'heure de vérité a sonné pour la maison EDF. Les meilleures intentions politiques se sont penchées sur son destin et celui de son comité d'entreprise. Pourtant, les deux systèmes sont aujourd'hui en bout de course. Le comité d'entreprise le plus riche de France doit désormais rendre des comptes à la justice qui s'interroge sur d'éventuels détournements au profit de la CGT et du PCF. Ces investigations visent à savoir si un système de financement occulte a été organisé avec l'intermédiaire des principaux fournisseurs de la CCAS. D'ores et déjà, les interrogations du juge mettent en exergue la mauvaise gestion de l'organisme. À tel point que les agents d'EDF-GDF, considérés comme des privilégiés, des nantis, sont finalement bien moins servis que beaucoup de salariés de CE aux revenus plus modestes. Le mythique salaire différé promis aux agents serait-il un leurre ?

La plupart de leurs sous-traitants pratiquent des tarifs au-dessus des prix de marché. Enfin, avant de proposer des activités et des loisirs aux électriciens et gaziers, le CE doit entretenir un appareil onéreux. Les centres de vacances sont vieillissants, leurs frais de fonctionnement élevés, les charges de personnel engloutissent une bonne partie du budget. La couverture maladie des agents, également sous le contrôle de la CGT, est mauvaise ; les services de restauration confiés au CE s'avèrent fort coûteux pour une qualité juste correcte. Décidément, avec 400 millions d'euros, on n'a plus rien ou presque !

L'État et l'entreprise ont laissé la situation se dégrader année après année sans réagir. Un rapport de la Cour des comptes de 1990 relevait déjà la plupart des dérives qui intéressent la justice. Quatorze ans après, les mêmes vices sont à déplorer. Pourquoi ? Depuis quarante ans, à EDF, la CGT et le pouvoir se tiennent par la barbichette. La paix sociale dans l'entreprise et la lumière en France, le développement nucléaire, les investissements internationaux contre une totale indépendance dans la gestion des œuvres sociales. Le pilotage du CE donne une aisance financière et assure la popularité de la CGT dans l'ensemble de l'entreprise. Avec plus de 50 % des voix aux élections depuis la Libération, la CGT n'a jamais été inquiétée par ses concurrents. Le dernier conflit de juin 2004 contre le changement de statut a montré une fois de plus à quel point ce « deal » historique entre la CGT et le pouvoir fonctionne bien. Nicolas Sarkozy, ministre de l'Économie et des Finances, voulait montrer qu'il était capable de réussir là où d'autres avant lui avaient calé. Il a gagné son pari. EDF a changé de statut. Mais à quel prix ? Le ministre a accordé plus que les syndicats n'avaient osé imaginer. Nicolas Sarkozy a mis ainsi dans la balance une refonte de la grille des rémunérations qui devrait se traduire par une hausse minimale de 2 % de la masse salariale, une augmentation globale de 2,9 %, quelque 4 300 embauches, et encore 4 % d'augmentation pour quelque 80 % des femmes de l'entreprise au titre de l'égalité des salaires... Soit, selon des calculs internes à EDF, une progression de la masse salariale de 6 % à 8 %. Parallèlement le ministre a promis de ne rien toucher des avantages sociaux des salariés et de la CCAS. La CGT, qui a crié haut et fort qu'elle se battrait jusqu'au bout pour le retrait du projet de loi, a finalement levé les piquets de grève quelques heures après le vote du texte à l'Assemblée nationale. Cette efficacité et le zèle des militants battent en brèche la thèse qui prévalait pendant le conflit, selon laquelle la CGT aurait été débordée par sa base.

« Dans les tracts, explique un militant CFDT, la CGT revendique ce qu'elle a obtenu. Si Sarkozy avait voulu remettre la CGT en selle, il ne s'y serait pas pris autrement ». Ce n'est pas la première fois que les intérêts des politiques prennent le pas sur les intérêts économiques. Alain Juppé, lors de son dernier congrès de l'UMP dans la banlieue parisienne, a commenté avec cynisme la stratégie du ministre de l'Économie : « Avec tout ce que Sarkozy a lâché à la CGT, ce n'est pas 100 % de participation publique mais 110 % », rapporte un participant.

Au moment où le gouvernement explique à des salariés réticents qu'il transforme le statut de leur entreprise pour la rendre plus compétitive et efficace, la ficelle est un peu grosse. Elle montre qu'un changement de statut ne suffit pas à faire évoluer les mentalités et les traditions.

En juillet 2004, la crise provoquée par l'organisation de la succession de François Roussely à la tête d'EDF en est une bonne illustration. Le pouvoir considère encore EDF comme sa « chose ». En plein débat parlementaire sur l'adoption du projet de loi destiné à modifier le statut d'EDF et de GDF, le Premier ministre, Jean-Pierre Raffarin, a demandé à quelques fidèles de déposer un amendement pour changer les règles de désignation des présidents d'entreprises publiques. La limite d'âge à soixante-cinq ans, au-delà de laquelle leur désignation devient impossible, a été supprimée. Jean-Pierre Raffarin voulait éventuellement laisser la voie libre pour Francis Mer, qui a soufflé ses soixante-cinq bougies au printemps 2004, ou Pierre Gadonneix, président d'EDF, un ancien du cabinet Madelin, âgé de soixante-trois ans. L'Élysée et Matignon se donnaient ainsi les moyens d'honorer une promesse qu'ils avaient faite au prédécesseur de Nicolas Sarkozy avant son départ de Bercy. Autre avantage de la carte « Mer » : permettre à Jacques Chirac de placer à la tête d'EDF un de ses poulains, Jean-François Cirelli. Âgé d'une petite quarantaine, cet énarque est depuis longtemps une valeur sûre dans le jeu du président. « À trois ans d'une élection présidentielle, décode, un rien perfide, un député de la droite, il vaut mieux avoir des hommes sûrs à la tête d'une entreprise comme EDF. Une campagne électorale coûte cher... »

Mais Sarkozy pense lui aussi à la présidentielle depuis des mois. « Et pas qu'en (se) rasant », pour reprendre une expression qu'il a rendue populaire.

Avant l'été, il avait également son candidat. Officiellement, il a fait savoir qu'il souhaitait reconduire le président sortant, François Roussely. Et cela malgré ses connivences affichées avec les socialistes et son médiocre bilan financier. Le numéro deux du gouvernement avait cependant quelques motifs personnels de vouloir le garder. D'abord Roussely, qui ne cache pas son désir de conserver son poste, lui serait redevable. Ensuite, dans ce schéma, Nicolas Sarkozy projetait de lui adjoindre un homme bien à lui, Claude Guéant, un préfet qui appartient depuis 2002 à la garde rapprochée du couple Sarkozy. Le candidat avoué à la présidentielle cherche lui aussi à placer ses hommes à des postes stratégiques.

La manière dont les deux leaders de la droite ont poussé leur pion pour organiser la succession de François Roussely montre que la gestion d'EDF reste davantage politique qu'économique.

Paradoxalement, c'est l'affaire du CE, en mettant au jour toutes les connivences et les compromissions qui se seraient nouées à EDF pour le « bien des agents », qui risque de contribuer davantage à faire éclater le système qu'un changement de statut. Pour comprendre le fonctionnement du CE, il faudra démonter l'intégralité de la machine et démêler les liens qui unissent la classe politique, l'entreprise et la CGT.

L'affaire aura également la vertu d'ouvrir enfin le débat sur le financement des syndicats. C'est l'occasion ou jamais.

Bernard Thibault a changé l'image de la CGT. Le cheminot, héraut des grandes grèves de l'hiver 1995 contre la réforme de la Sécurité sociale, a donné un sacré coup de vieux à ses prédécesseurs de la porte de Montreuil. Il a renoué le dialogue avec les gouvernements successifs, de gauche mais aussi de droite. Son organisation a progressivement pris ses distances avec le parti communiste, signe désormais assez fréquemment des accords de branche, courtise les cadres dans les grandes entreprises... Une stratégie payante. La CGT a gagné en respectabilité. Elle a ainsi fait son entrée à la Confédération européenne des syndicats.

Pourtant cette CGT rénovée est rattrapée par une affaire d'un autre âge : celle de la CCAS. Depuis des lustres, les syndicats, faute de moyens, se perdent dans de petits arrangements. À la CCAS, où l'argent coule à flots, la fédération de l'Énergie gère sans réel partage le pactole. L'établissement public ne dispose formellement d'aucun moyen de contrôle sur cette manne, et la tutelle de l'État ne paraît guère investie dans sa mission.

Pour faire tourner les appareils, payer les salaires, organiser des meetings, former des cadres, publier des tracts et orchestrer des manifestations, il faut de l'argent. Or les ressources de la CGT sont bien maigres. Les subventions de la formation versées par différents ministères et les fonds européens ne suffisent pas à pallier la faiblesse des revenus. Aussi, chaque organisation cherche des moyens complémentaires de subsistance en faisant notamment régler les salaires des militants par des tiers. Jean-Christophe Le Duigou, l'économiste de la CGT, est ainsi appointé par le ministère des Finances ; Jean-Claude Mailly, le successeur de FO à la tête de Force ouvrière, est payé par une mutuelle ; l'ancien dirigeant de la CFE-CGC, Jean-Luc Cazettes, a cumulé pendant des années son statut de patron d'une organisation syndicale et... son salaire de cadre chez Total.

Ces situations sont loin d'être satisfaisantes. Elles enferment les syndicats dans des logiques corporatistes et clientélistes. La centrale FO a longtemps été pointée du doigt par ses détracteurs pour son refus catégorique de la réforme de la Sécurité sociale de 1995 : Marc Blondel aurait, selon eux, combattu le plan Juppé plus pour préserver son pré-carré (nombre de militants FO travaillent dans les caisses de Sécurité sociale) que par conviction... Aujourd'hui le corporatisme éloigne encore plus les salariés des syndicats. Or plus leurs effectifs maigrissent, plus les syndicats ont recours à la « débrouille » pour survivre.

Au milieu des années 1990, le socialiste Henri Emmanuelli avait tenté sans succès d'orienter des travaux parlementaires sur l'épineuse question du financement des syndicats. D'autres lui avaient emboîté le pas, y compris au sein de la CGT. Sans suite. Pourtant, il y a urgence à revoir le système. Les salariés qui veulent être défendus doivent accepter d'en payer le prix. L'État gagnerait de son côté à clarifier les comptes plutôt que de multiplier les subventions diverses et variées. André Sainjon, l'ancien patron de la fédération CGT de la Métallurgie, a longtemps milité pour qu'une cotisation « officielle » des CE soit reversée aux syndicats pour leurs frais de fonctionnement. Comme pour le financement des partis politiques, il faut organiser celui des syndicats dans une loi. La représentation nationale doit se prononcer sur celle des salariés et lui donner les moyens de travailler.

Pour cela, il faut que tous les acteurs sociaux acceptent de mettre les cartes sur la table. L'exercice implique que les syndicats consentent de dévoiler le nombre réel de leurs effectifs plutôt que de les gonfler artificiellement. Dans la perspective d'une telle réforme, les cinq grandes confédérations, CGT, FO, CFDT, CFE-CGC et CFTC, seraient également dans l'obligation de jouer à armes égales avec des organisations comme SUD. Le syndicat proche des altermondialistes ne bénéficie pas pour l'instant des mêmes droits de représentation que ses cinq aînés créés à la Libération.

La justice va devoir démêler cet imbroglio de relations troubles et sanctionner les éventuels délits. Elle devra agir dans un cadre étroit car les règles de la prescription lui interdisent normalement de remonter au-delà de trois ans.

L'enquête vient à peine de commencer mais les protagonistes se préparent à la longue instruction judiciaire. Les avocats qui avaient déjà défendu les dirigeants communistes et les militants de la CGT au début des années 1990 dans le cadre du procès Gifco retroussent leurs manches. À Lille et Paris, pas moins de cinq ténors du barreau ont été consultés dès l'été 2004, alors qu'aucune mise en examen n'avait encore été prononcée ni aucun témoin entendu.

À peine entamée, l'affaire du CE d'EDF a des airs de déjà vu.

Les hommes d'appareil se protègent, quelques lampistes devront rendre des comptes. Au fil des ans, le système CCAS a fabriqué « ses profiteurs » : ceux qui au passage se sont servis dans la caisse pour améliorer leur ordinaire, bénéficiant d'une transaction immobilière indue, de notes de frais trop gourmandes et des largesses d'un sous-traitant; ceux que le confort d'un fauteuil d'administrateur aura suffi à corrompre. La justice qualifiera ces délits d'abus de confiance. Ira-t-elle plus loin? Retrouvera-t-elle la trace des millions d'euros qui seraient partis en fumée entre les lignes d'une facture trop élevée ou d'une prestation incertaine?

Les juges considéreront-ils que le CE d'EDF est victime de l'incompétence de ses gestionnaires ou, au contraire, d'un système de financement savamment orchestré pour servir des intérêts supérieurs ?

L'affaire débouchera à tout le moins sur un scandale français. Un scandale à la française, devrait-on dire, où la raison d'État masque l'hypocrisie politique et les luttes pour le progrès social se diluent dans les méandres des appareils.

Annexes

Annexe 1

LES ŒUVRES SOCIALES D'EDF-GDF

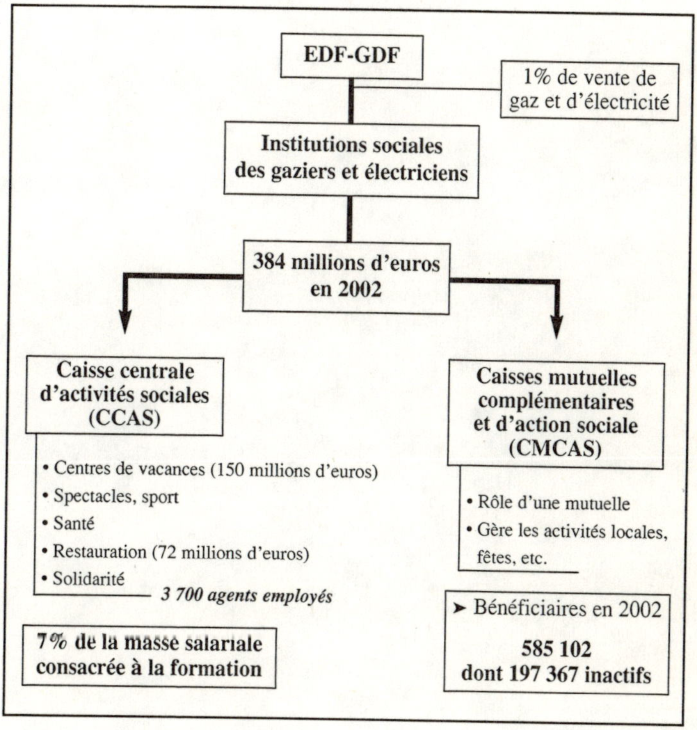

Source : CCAS.

Annexe 2

Le 2 avril 2003

Adresse de Jean-Claude LAROCHE, Directeur Général de la CCAS, aux Organisations Syndicales de la CCAS.

Mais que se passe-t-il à la CCAS?

Voici quelques mois, exactement un an au 1er avril 2003, j'ai été nommé Directeur Général de la CCAS, quittant sur une sollicitation de la Fédération CGT, du Président de la CCAS et de son ancien DG une activité professionnelle dans le domaine du Transport d'électricité.

La Directrice Générale Adjointe actuelle a quant à elle été nommée le 1er octobre dernier, avec l'aval de la Fédération CGT comme du Conseil d'Administration de la CCAS.

Et voici que, depuis le 13 décembre dernier, il m'est clairement demandé par le Président de la CCAS comme par le tout premier représentant de la Fédération CGT de quitter ma fonction. De même, il est annoncé à la DGA que sa situation sera traitée après la mienne! Le nom de mon successeur est d'ailleurs largement diffusé, fragilisant ainsi ma position de Direction dans un organisme déjà difficile à diriger pour de multiples raisons. Et pour finir, le Bureau Fédéral CGT vient de décider que mon départ devrait être effectif en décembre 2003, sans même que j'aie pu y exposer mon point de vue.

Que s'est-il donc passé pour qu'en un laps de temps si court les choses en soient arrivées là?

Il n'est pas dans mes habitudes de mettre en débat des questions qui me concernent personnellement, et c'est pourquoi j'ai autant tardé à m'exprimer auprès de vous, mais, aujourd'hui, les enjeux dépassent très largement le devenir de tel ou tel, et doivent à mes yeux être connus.

Un tout petit historique s'impose : je suis arrivé à la CCAS, persuadé qu'il appartenait à la Direction Générale de diriger l'organisme, c'est-à-dire d'en dicter les organisations, d'en nommer les personnels, d'en assurer un fonctionnement efficace au profit des électriciens et gaziers, le tout conformément aux orientations politiques du Conseil d'Administration à dominante CGT, et dans le respect du personnel, de ses représentants et des organismes statutaires. Les délégations de pouvoir que j'ai acceptées s'inscrivaient dans cette logique et me convenaient fort bien.

Je me suis aussi rapidement rendu compte que les personnels des organismes sociaux avaient une réelle aspiration à travailler correctement et à être reconnus comme de vrais professionnels. Cela ne pouvait que conforter mon rôle, dès lors que je m'attelais aux problèmes de fonctionnement de l'organisme et que je tentais, de manière pragmatique mais rigoureuse, de les résoudre.

Et puis, rapidement, je me suis aperçu que les différentes prérogatives correspondant à ma fonction étaient en réalité accaparées par les administrateurs CGT, et par le Président lui-même, dont les directives « fonctionnelles » sont permanentes et viennent se superposer aux options de la Direction. Soit !

Parallèlement, je me suis également aperçu que l'on demandait tout autre chose à la Direction Générale de la CCAS. En effet, quelle n'a pas été ma surprise de découvrir toutes les sollicitations dont la CCAS fait l'objet pour financer directement des activités sans aucun rapport avec sa mission, ce qui m'a conduit à édicter un certain nombre de règles. Celles-ci reposent tant sur la nécessaire transparence de notre fonctionnement, notamment par l'information des représentants du personnel sur les sujets concernant la vie de l'organisme, que sur nos gestes professionnels « sensibles », sur lesquels j'ai rappelé les principes suivants :

— Pas de marché important sans appel d'offre, conformément au règlement interne de la CCAS, et sélection du moins-disant, sauf si les surcoûts sont justifiés par un service spécifique supplémentaire ;

— Pas de fournisseur ayant pour client unique la CCAS, surtout lorsque ce fournisseur s'est créé sur le contrat que lui a passé la CCAS, sans aucune référence dans le domaine concerné ;
— Pas de financement de manifestations externes sans mise en place d'une convention, et sans un partenariat officialisé ;
— Lorsque la CCAS effectue une prestation de restauration pour un organisme tiers, le fonds du 1 % ne doit pas être sollicité, ce qui doit se traduire par une facturation des denrées crues et le bénévolat des personnels de restauration concernés ;
— Lorsque des personnels de la CCAS sont sollicités par des organismes tiers, ils doivent s'inscrire soit dans du bénévolat, soit dans un détachement syndical si celui-ci se justifie ;
— En d'autres termes, pas de personnel payé par la CCAS pour travailler ailleurs ;
— Les prestations payées par la CCAS doivent comporter un retour pour les électriciens et gaziers ;
— Etc.

La traduction de l'ensemble de ces règles de « sécurité financière » a alors conduit à une campagne de déstabilisation à mon endroit, avec des arguments portant tant sur mon mode de direction, que sur mes relations avec la délégation CGT au CA, que sur ma personne.

Cela étant, le problème reste entier.

Dans le projet de Direction Générale de la CCAS, ainsi que dans les réunions de Direction, j'ai eu l'occasion d'exprimer le point de vue suivant :

Aujourd'hui, si les Activités Sociales des électriciens et gaziers ne font pas l'objet d'attaques frontales de la part des dirigeants d'EDF et de GDF comme du gouvernement, c'est tout simplement parce que d'autres chantiers leur apparaissent comme prioritaires et nécessitent une certaine docilité de la CGT : la réforme du système de retraite des IEG, l'ouverture du capital des Établissements.

Mais mettons-nous un instant dans l'hypothèse où ces deux chantiers seraient « réglés » par les Directions comme les pouvoirs publics ! Le seul élément de singularité forte qui subsisterait par rapport au droit commun serait les activités sociales des électriciens et gaziers.

Qui peut sincèrement croire que ce système continuerait à vivre sans remise en cause ?

J'ai toujours pensé que ceux qui voudront remettre en question le « combien » on gère, et le « qui » gère les activités sociales, s'en prendront au « comment » on gère ces activités.

Comment ferons-nous pour mobiliser les électriciens et gaziers pour la défense de leurs activités sociales, si ces derniers nous regardent en se disant : « tous pourris » ?

C'est pourquoi j'ai fixé comme orientation de Direction de la CCAS l'objectif de rendre le fonds du 1 % transparent et opposable à des tiers.

Mais visiblement cela ne passe pas, et cela a donné lieu à tous les tirs de barrage de la Direction Fédérale de la CGT, qui a été jusqu'à bloquer le projet de réorganisation de l'équipe qui m'entoure directement pour piloter la CCAS, nous plaçant ainsi dans une situation fort délicate (lettre de D. Cohen à J. Lavielle datée du 4 novembre).

« Ce n'est pas vrai, nous avons toujours été propres, Jean-Claude Laroche dit n'importe quoi et il remet honteusement en question ses prédécesseurs », diront ceux qui me mettent en cause.

Alors qu'on m'attaque en diffamation !

Et mes prédécesseurs ont fait ce qu'ils pouvaient dans un contexte dont je suis bien placé pour mesurer la pression qu'il constitue.

De plus le monde change autour de nous. La justice devient plus sévère à l'égard de ce qu'elle appelle la délinquance en col blanc ; et puis des lois sont apparues ces dernières années, notamment sur le financement des partis politiques. Nous devons donc les respecter, tout simplement.

Le Président de la CCAS écrivait, dans une lettre ouverte aux agents de l'organisme : « Le Conseil d'Administration, son Président ont toujours prôné la rigueur et depuis plusieurs exercices ils s'y emploient. Les pratiques occultes, les détournements, ils les ont toujours combattus et demanderont des sanctions contre celles et ceux qui s'en rendraient coupables, comme cela s'est déjà pratiqué »; cependant, en décembre, ce même Président confirmait par écrit à la Direction du Siège sa seule proposition d'avancement au choix au 1er janvier 2003 dans le collège Maîtrise à une femme que je n'ai jamais vue à la CCAS bien que cette dernière jouisse d'une certaine notoriété dans le monde politique !

Reconnaissons que lorsque le Président demande de la « complicité » entre les « élus » et les « salariés » des organismes sociaux, ce terme est pour le moins malheureux.

Pour conclure, après m'être débattu dans ce contexte depuis un an, je dois dire que j'ai mal.

J'ai mal d'être attaqué et sali en permanence par des personnes qui ne me connaissent pas, et qui se permettent de parler sur mon compte de manière inqualifiable. Mais cela importe finalement peu; je suis prêt à faire mon affaire de ma défense personnelle.

J'ai surtout mal pour les activités sociales des électriciens et gaziers, qui sont un outil formidable, fruit de l'extraordinaire travail des femmes et des hommes qui les ont construites, et qui apportent des horizons nouveaux à beaucoup de nos collègues ; ces activités sont construites pour être solidaires, elles pourraient l'être bien davantage sans des entraves d'appareil aujourd'hui dépassées. Mais ce bel édifice pourrait aussi se voir bêtement et injustement compromis pour des raisons de bas étage.

J'ai du mal pour la CGT, parce qu'elle est le lieu de l'espoir pour beaucoup de salariés, notamment les nouveaux syndiqués, qui aspirent au respect de la dignité de chacun, à une certaine rigueur dans l'analyse, au sérieux dans ce que nous gérons, à une certaine conformité entre nos paroles et nos actes, à un allègement des contraintes d'appareil, à une pratique démocratique et transparente. Je dois leur dire qu'ils ont raison d'y croire, mais qu'ils devront lutter, y compris dans leur CGT, pour voir leurs espoirs devenir réalité.

À l'issue de cette adresse, j'informe donc que, quelles que soient les décisions du Bureau Fédéral de la CGT, ma propre décision est aujourd'hui de ne pas laisser dériver les activités sociales.

Annexe 3

Caisse centrale d'activités sociales du personnel des industries électrique et gazière

ww.ccas.fr

Conférence de presse du 22 octobre 2003
Propos liminaire
Jean Lavielle
Président de la CCAS

Mesdames, Messieurs,

Je tiens tout d'abord, en mon nom et en celui de la CCAS, à vous remercier d'avoir répondu à notre invitation.

Cette conférence de presse se tient à un moment où nos organismes sont la cible de nombreuses attaques de la part des médias, qui relayent et commentent ainsi ce dont le 10 octobre dernier le journal « Les Echos » s'était lui-même fait l'écho.

Bien évidemment, ces allégations ne pouvaient rester sans réaction, et nous comprenons bien que c'est une des raisons de votre intérêt et votre attention aujourd'hui.

Mais non seulement il faut d'abord rappeler ce que sont les activités sociales des électriciens et gaziers mais également s'interroger sur les raisons réelles de ces attaques dans le contexte précis où elles se situent.

Créés en 1946 sur la base d'un esprit de solidarité entre les agents des industries électriques et gazières, nos organismes sociaux ont pour mission, depuis plus de cinquante ans, de répondre à leurs attentes, et à celles de leurs familles, soit près de 600 000 personnes, en matière de protection sociale, mais aussi de vacances, de loisirs, de santé, d'action sanitaire et sociale, de restauration, d'assurances.

Autant de domaines d'intervention qui viennent en complément de leur rémunération puisque, rappelons-le, le 1 % de recettes des industries électrique et gazière à partir duquel nous fonctionnons représente en réalité un salaire différé socialisé mis au service de la collectivité, dans un bien qui leur est commun.

Ce choix est régulièrement renouvelé par les électriciens et gaziers qui confient depuis des décennies la gestion de leurs activités sociales à des organisations syndicales dont les orientations sont précisément fondées sur les valeurs de solidarité, de justice sociale et, plus largement, de respect et de dignité, valeurs porteuses d'un objectif d'émancipation humaine.

Et c'est d'ailleurs parce qu'ils se considèrent pleinement partie prenante de la vie sociale, économique et politique, tant nationale qu'internationale, que se sont développées au sein de ces organismes qui sont les leurs de nombreuses actions, y compris de solidarité avec les salariés d'autres secteurs, comme par exemple notre soutien important aux salariés de la culture.

Enfin, de toute évidence, ces attaques, à ce moment précis, ne peuvent être dissociées de la situation économique et politique du moment.

Tout d'abord, nous sommes aujourd'hui à la croisée des chemins sur l'avenir des entreprises électrique et gazière. Chacun le sait, l'ambition du gouvernement est de s'engager dans leur privatisation, ce à quoi les agents sont farouchement opposés.

Est-ce vraiment un hasard, qu'au moment où l'on attaque frontalement le service public, on attaque dans le même temps le Comité d'entreprise qui représente pour le monde du travail, et de manière historique, une locomotive en matière de droits sociaux, dernier grand symbole à faire tomber dans cette période de déréglementation ?

Ensuite, nul n'ignore que la CGT demeure la première organisation syndicale au sein des industries électrique et gazière et que la FNME-CGT vient de tenir son congrès.

Ces attaques n'avaient-elles pas pour but de peser sur les débats de ce congrès ?

Venons en aux « faits » qui ont été évoqués : le 10 octobre dernier, dans le journal « Les Echos », puis immédiatement relayés par d'autres médias, prétendant se faire l'interprète d'« informations » recueillies en interne, et colportant des propos qui relèvent à l'évidence du règlement de comptes ou des rancœurs personnelles.

Le remplacement du Directeur Général aurait été dû à la façon dont il a prétendu poursuivre les efforts entrepris par ses prédécesseurs et, si on l'en croit, pour l'empêcher de faire la chasse aux dysfonctionnements.

Qu'en est-il ?

Simplement que le Conseil d'Administration de la CCAS a assumé ses responsabilités, a refusé son attitude de coup de force permanent et s'est opposé à ce qu'il exerce seul des compétences normalement collégiales, et qu'il s'approprie les prérogatives des institutions légalement et démocratiquement en charge de l'administration des œuvres sociales.

Le reste n'est que la reprise d'allégations sans aucune recherche de vérité, alors que :

— sur les marchés, quand rien ne l'y oblige, la CCAS a mis en place une Commission pluraliste présidée par un mandaté de la Fédération Force Ouvrière, et souscrit ses marchés sur des procédures d'appel d'offre.

— et les marchés auxquels « Les Échos » ont fait référence ont été passés dans ce cadre, avec attribution au mieux-disant, parce que c'est l'intérêt du 1 %.

Quant à l'annonce d'un prochain contrôle de la Cour des comptes, c'est mal connaître les règles de contrôle des organismes recevant des financements d'origine publique qui y sont régulièrement soumis que d'essayer d'en tirer argument. Certes, les organismes sociaux des électriciens et gaziers sont sans doute les plus contrôlés de l'Hexagone, mais il n'y a rien de spectaculaire dans un nouveau contrôle, dix ans après le précédent à la suite duquel la CCAS a d'ailleurs mis en œuvre des recommandations auxquelles elle n'était pourtant pas astreinte.

Annexe 4

COMMISSION SYNDICALE REGIONALE
C.G.T. C.C.A.S. O.E.

Le 11 Septembre 2000

A tous les adhérents C.G.T.
Conventionnés, Saisonniers.

Suite à la Commission syndicale régionale qui s'est tenu le jeudi 07 septembre à la D.R.O. P.A.C.A., il a été débattu, avec l'ensemble des syndicats de Centre P.A.C.A., des possibilités de candidature sur les différents postes.

Les critères de la C.G.T. sont : L'adhésion à la C.G.T. et l'ancienneté à la C.C.A.S.

Une rencontre avec la Direction régionale a eu lieu sur ce sujet, lors de la préparatoire de la C.P.R., ce jour. Ces deux critères ont été présentés à la Direction de la D.R.O.

Nous vous informerons des résultats de la C.P.R.

La Commission Syndicale régionale P.A.C.A.

Annexe 5

COMPARATIF DU COÛT DE LOCATION
PAR CATÉGORIES DE VÉHICULES (année 2001)
pour une prestation équivalente

	Tarifs Idélia (euros)	Tarifs Europcar (euros)	Différence de coût de location
Véhicules de tourisme	986 006,62	637 102,90	348 903,72
Utilitaires	199 666,91	135 450,73	64 216,18
Total	1 185 673,53	772 553,63	413 119,20

Source : Étude interne CCAS.

COMPARATIF DES REMBOURSEMENTS DES FRAIS DE SANTÉ
POUR L'EXEMPLE D'UNE PROTHÈSE DENTAIRE

	Cotisation salarié en euros (salaire mensuel : 3 000 euros)	Remboursement Sécurité sociale (euros)	Remboursement complémentaire (euros)
EDF-GDF	30,23	75,24	225,70
Air France	23,21	75,24	386,92
France Telecom	17,55	75,24	263,32
Société Générale	32,03	75,24	322,44
Snecma	46,75	75,24	397,67

Source : Étude UFE/UNEMIG, 10 mai 2004.

Bibliographie

COLLOQUE INTERNATIONAL D'HISTOIRE DE L'ÉLECTRICITÉ, *1890-1980, un siècle d'électricité dans le monde : actes du premier colloque international d'histoire d'électricité en France, Paris, 15-17 avril 1986,* Association pour l'histoire de l'électricité en France, collection « Histoire de l'électricité », 1987.

COHEN (Denis), *Pour un syndicalisme durable : entretiens avec Pascal Pogam,* Le Cherche Midi, collection « Documents », 2003.

GAUDY (R.), *Les Porteurs d'énergie,* éditions Messidor/Temps actuels, 1982.

MOURIAUX (René), *Le Syndicalisme en France depuis 1945,* La Découverte, collection « Repères », nouvelle édition 2004.

PENNETIER (Claude), DREYFUS (Michel), VIET-DEPAULE (Nathalie), *La Part des militants,* éditions de l'Atelier, collection « Patrimoine », 1996.

PICARD (Jean-François), BELTRAN (Alain), BUNGENER (Martine), *Histoire(s) de l'EDF : comment se sont prises les décisions de 1946 à nos jours,* Dunod, collection « L'œil économique », 1985.

Table

Cet ouvrage a été composé et imprimé par

FIRMIN DIDOT

GROUPE CPI

Mesnil-sur-l'Estrée

pour le compte des Éditions Robert Laffont
24, avenue Marceau, 75008 Paris
en août 2004

Imprimé en France
Dépôt légal : septembre 2004
N° d'édition : 45145/01 – N° d'impression : 69344